転びの予防と簡単エクササイズ

中央労働災害防止協会

刊行にあたって

　高年齢化社会の進展や雇用延長等に伴い、高年齢労働者の就業がますます増加し、各職場における高年齢労働者の占める割合も増加することが見込まれます。厚生労働省が策定する「第11次労働災害防止計画」においても、「高年齢労働者の安全衛生対策の充実が重要」とされているところです。

　このような状況の下、国からの委託を受けて、中央労働災害防止協会では、高年齢労働者ほど労働災害の発生率の高くなる「転倒」「墜落・転落」に着目し、高年齢労働者の身体機能および意識面から労働災害リスクをセルフチェックする手法の検討を行い「高年齢労働者の身体的特性の変化による災害リスク低減推進事業に係る調査報告書」として取りまとめました。

　そこで、その検討の成果を活かしつつ、「身体特性の変化に寄る災害リスクの低減」に留まることなく、事業場における安全衛生活動、労働災害防止活動全般に活用できる図書の刊行を企画しました。

　そのため、本書では、長年この分野の研究に携わってこられた永田久雄氏に「転びのメカニズム」、「転びリスクの評価方法」、「安全衛生活動のポイント」など第1章から第7章まで、分かりやすく解説していただきました。

　第8章では、「災害リスク評価セルフチェック」の活用方法と、さらに、低下した機能の低下を予防する簡単なエクササイズを紹介しました。

　本書を通して、高齢労働者の災害の減少はもちろんですが、イキイキと元気に働くことのできる健康習慣の実践に役立てていただければ幸いです。

平成23年10月

中央労働災害防止協会

はじめに

　高齢者人口の増加にともなって、転んでけがをするといったありふれた事故が労働災害だけでなく生活災害でも増加しております。転んでけがをしても本人の不注意として考えられがちでした。しかし、現在では、労働災害による死傷者数のトップは「転倒」、次いで「墜落・転落」となっており、両事故の型を合わせると死傷災害者数の約4割、死亡災害者数の約3割を占めています。

　本書では、高齢労働者の身体機能の衰えの観点から滑り、つまずきなどを原因とする災害防止策を考える上で、「転倒」と「墜落・転落」を合わせて「転び」として扱っています。本書は、労働災害だけでなく生活災害を含めて解説した拙書『「転び」事故の予防科学』（労働調査会発行）に基づいています。本書の主要部分は、この書籍を参考にして労働安全衛生管理者向けに、できるだけ平易に系統的でかつ科学的な解説を試みました。

　第1章では高齢労働者の増加の背景、第2章で労働災害の現状、第3章で高齢労働者の身体機能、第4章で転びのメカニズム、第5章で転びのリスク評価方法、第6章で安全衛生活動のポイントについて解説いたしました。最後に、第7章で組織的活動状況の簡単なチェックリスクを提案し、転びのインシデント事例を通して問題点を解説しております。

　本書を通して、高齢労働者の身体機能の衰え、転び災害の要因と評価法そして防止対策について理解を深められ、皆様の職場での転び災害の減少に役立てていただければ幸いです。

平成23年10月

永田　久雄

目次 contents

第1章　労働力の高年齢化とこれからの安全衛生対策
1　高齢労働者の増加の背景 …………………………………………7
2　高齢労働者に配慮した対策とは …………………………………7
3　高齢労働者の安全衛生対策と就労支援 …………………………8

第2章　労働災害の現状と増加する災害
1　労働災害 ……………………………………………………………9
2　日本全体で見た転びによる死亡者数の動向 …………………11
3　「転倒」と「墜落・転落」の違い ………………………………11

第3章　歩行と身体機能の理解
1　歩行と転び ………………………………………………………13
2　身体機能と転び …………………………………………………13
3　筋肉と運動 ………………………………………………………16

第4章　転びによる傷害とそのメカニズム
1　転びと高齢者の骨折など ………………………………………19
2　転びのメカニズム ………………………………………………20
3　床面での転び ……………………………………………………21
4　階段での転び ……………………………………………………24
5　屋根面での滑り …………………………………………………26
6　はしご・脚立などからの転落 …………………………………27
7　手すりによる転び防止 …………………………………………29

第5章　転びリスクの評価方法
1　転びリスクの低減化とその方法 ………………………………31
2　災害要因の詳細 …………………………………………………34
3　転びのリスク ……………………………………………………36

第6章　転び災害防止のための安全衛生活動のポイント
1　転び災害の防止対策 ……………………………………………37
2　転び災害発生後の対応 …………………………………………37
3　転び災害の防止対策のポイント ………………………………38
4　ハード的対策によるリスク低減 ………………………………40
5　ソフト的対策によるリスク低減 ………………………………42

第7章　転び災害防止活動の実践
1　転び災害からの教訓 ……………………………………………45
2　転び災害を含めた労働安全衛生マネジメントシステムの構築 …45
3　労働者に対する転び災害防止のための安全教育 ……………46
4　インシデント報告と注意すべきポイント ……………………46
5　まとめ ……………………………………………………………48

第8章　身体的な特性による内的リスク要因の低減
1　運動機能の低下による内的リスク要因 ………………………49
2　転倒等災害リスク評価セルフチェック ………………………51
3　運動機能低下を防ぐためのエクササイズ① …………………60
4　運動機能低下を防ぐためのエクササイズ② …………………65
5　運動習慣のない方のための簡単プログラム …………………68
6　身体活動アップのためのプログラム …………………………69
7　続けたい7つの健康習慣 ………………………………………70

第1章
労働力の高年齢化と これからの安全衛生対策

❶ 高齢労働者の増加の背景

1998年4月に、「定年は60歳を下回ることができない」と定めた法律が施行されました（「高年齢労働者等の雇用の安定等に関する法律」）。次いで、年金支給開始年齢の段階的な引き上げと呼応して同法が改正され、2006年4月から雇用年齢を60歳から65歳まで段階的に引き上げ、2013年4月1日からは「定年の引き上げ」、「継続雇用」、「定年の定めの廃止」のいずれかの方法により、希望者全員を対象に、65歳までの雇用を確保することが義務となります。

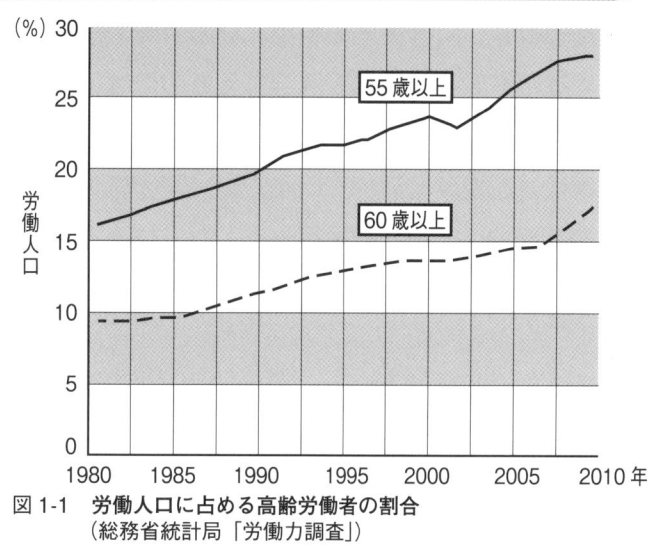

図 1-1 労働人口に占める高齢労働者の割合
（総務省統計局「労働力調査」）

2001年から高齢労働者数が徐々に増加しており（**図 1-1**）、2009年の55歳以上の労働力人口は28％、60歳以上18％ですが、2030年に55歳以上33％、60歳以上20％に増加すると予測されています。なお、労働安全関連の行政資料を見るかぎりでは、50歳以上を高齢労働者としていますが、50歳でも10年以上前とは異なり身体機能も向上していますので、本書では55歳以上を高齢労働者としています。

❷ 高齢労働者に配慮した対策とは

高齢労働者の安全問題を論じると、身体機能の衰えから生まれる災害リスクが高まることから、高齢労働者に今まで行っていた作業を行わせないといった方法があります。しかし、それは高齢労働者から仕事を奪うことにもなりますので、できるかぎり高齢労働者でも働ける作業環境、作業方法の改善が求められます。それは、高齢労働者だけでなく、そこで働く若年者、女性も含めて共に享受できるものです。そのため、「高齢労働者のため」でなく、「働く労働者全員のため」の対策となります。

❸ 高齢労働者の安全衛生対策と就労支援

50歳前後から始まる老眼（近点視力の低下）からも理解されるように、誰にでも起こる身体機能の加齢による衰退現象は避けることはできませんので、高齢労働者の労働生産能力の低下は否めません。年齢と労働生産能力との関係を模式化すると、図1-2のようになります。就労支援のためには、職場環境改善、仕事とノルマの削減、時差出勤、作業用具の改善、重筋作業の負担軽減、支援機器の利用、勤務時間の短縮などのさまざまな方法があります。今後も増加していく高齢労働者が職場で活躍するためには、就労支援を含めた幅広い視点から安全衛生活動を進めていく必要があります。

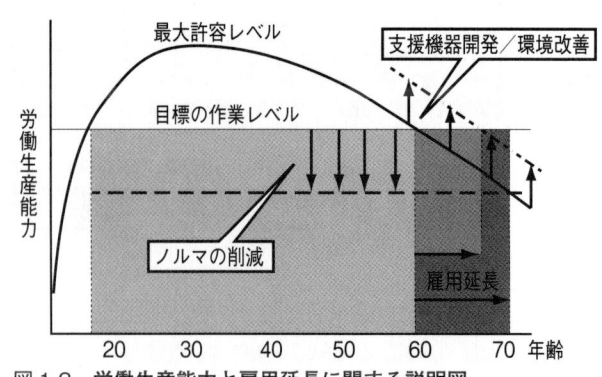

図1-2 労働生産能力と雇用延長に関する説明図

次章では、現実に起きている労働災害を減少させるために、高齢労働者を対象に優先的に実施すべき事故の型について考えてみることにします。

第2章
労働災害の現状と増加する災害

1 労働災害

(1) 年次的推移と傾向

過去20年以上にわたる労働災害の年次的推移と傾向を見ると、年間死亡者数と死傷者数は、年々、減少してきています。2009年には年間死亡者数（対前年193人減）と死傷者数（対前年13,573人減）はかつてないほど大幅に減少していますが、この背景には、2008年9月に起きた米国初の世界的な金融危機の影響による日本の経済活動の極端な落ち込みがあると考えられます。2010年に経済活動は緩やかに回復したこともあり、その年の死亡者数、死傷者数は前年より増加しています。

(2) 事故の型別傾向

主要な労災事故の型別の年次傾向（**図2-1**）を見ると、「はさまれ・巻き込まれ」が減少傾向を示す一方で、「転倒」が大幅に増加しています。1990年まではトップであった「はさまれ・巻き込まれ」が年々減少し1991年から「墜落・転落」と入れ替わり、2003年から第3位となり、それまで、第3位であった「転倒」が2005年からはトップとなっています。2010年には20.5%を占めるまでになっています（**図2-2**）。

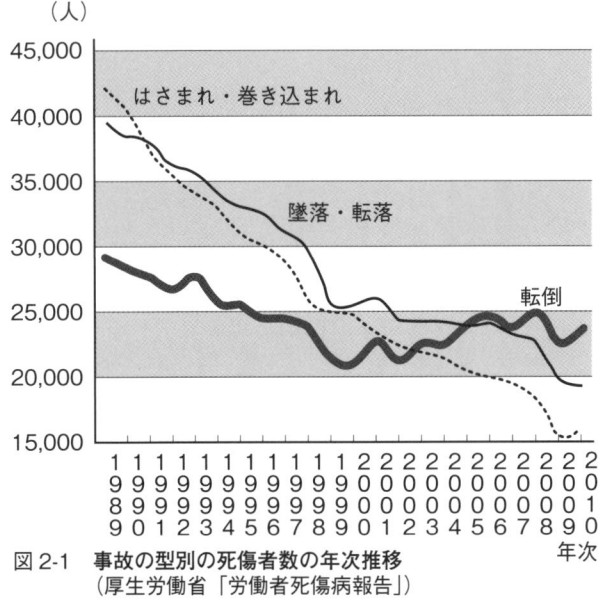

図2-1 事故の型別の死傷者数の年次推移
（厚生労働省「労働者死傷病報告」）

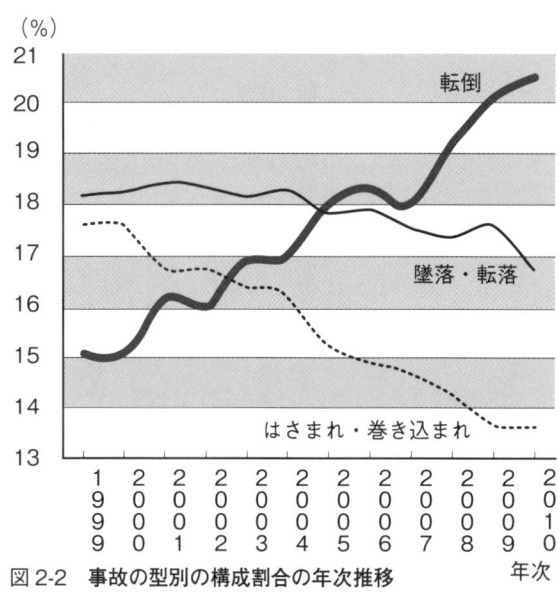

図2-2 事故の型別の構成割合の年次推移

(3) 年齢別傾向

2007年の製造業に関する事故の型別・年齢別構成割合（**図2-3**）は、「転倒」と「墜落・転落」に関しては、55から59歳層でピークが見られます。このように、最近の労働災害において50代後半の労働者の転倒事故が明らかに増加しています。身体機能が衰えた高齢労働者と転び災害は密接に関連していることを裏付けています。

厚生労働省の2010年5月の発表資料「高年齢労働者に配慮した改善事例」に記載されている2008年の休業4日以上の年千人率

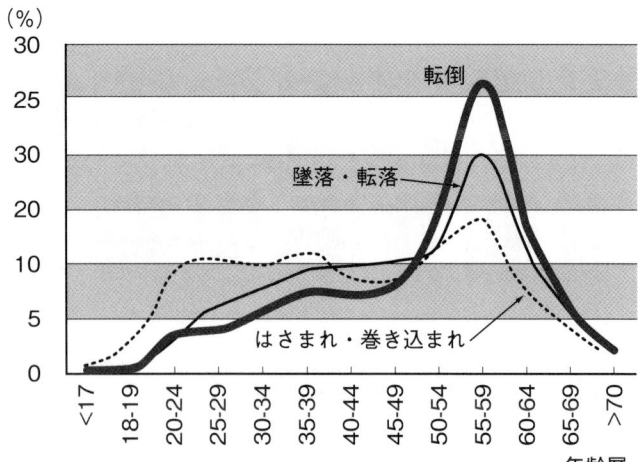

図2-3　事故の型別・年齢層別死傷者数の構成割合（2007年）
（厚生労働省「労働災害原因要素の分析」製造業）

は、全体平均は「2.3」ですが、50歳代では、「2.9」、60歳代では「3.4」と高齢になるほど平均より高い値となっています。高齢になるほど年千人率が高くなるのは、転び災害の増加傾向とは無縁ではないようです。

(4) 業種別傾向

転倒災害による2010年の死傷者数のトップは、「商業」で20％、次いで「製造業」で19％です。転倒災害による死傷者数の多くは、「商業」と「製造業」で合計約9,300人となり、「保健衛生業」などの幅広い業種でも起きています（**図2-4左**）。

墜落・転落災害による死亡者数のトップは「建設業」で51％と圧倒的に多く、次いで「製造業」で13％で、死傷者数で見るとトップは、「建設業」で28％、次いで「運輸交通業」21％、「製造業」15％、「商業」11％となります。死傷者数は、「建設業」と「交通運輸業」に特に多く合計約9,300人です（**図2-4右**）。

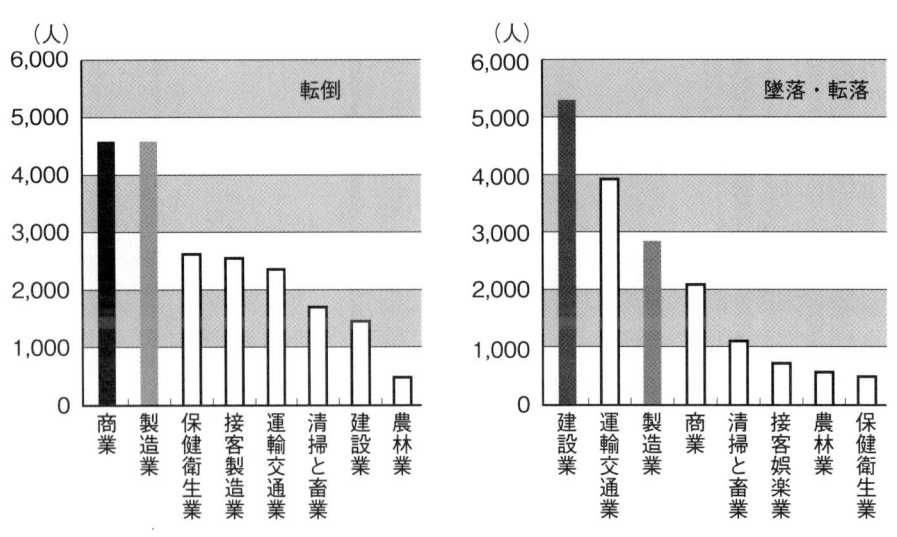

図2-4　業種別の転び災害による死傷者数（2010年）
（厚生労働省「労働者死傷病報告」）

(5) 重篤度の低い「転倒」と高い「墜落・転落」

死亡者数は転倒災害では、33件、墜落・転落では311件です（2010年）。死傷者数に含まれる死亡者数の割合は、死傷者数100件に対して、転倒0.13％、墜落1.59％となっています。転倒災害による被災者が受ける傷害の重篤度は低く、「墜落・転落」は大きいことが理解できます（**表2-1**）。

表2-1　事故の型と死亡者数の占める割合（2010年）

事故の型	（死亡者数／死傷者数）×100（％）
転倒	0.13
墜落・転落	1.59

② 日本全体で見た転びによる死亡者数の動向

転びは、働く環境だけの問題でなく、社会全体の問題となっています。日本全体の不慮の事故による死亡者数を見ると、「滑り、つまずきおよびよろめきによる同一平面上での転倒」による死亡者数は年々増加し、2009年には4,487人（人口動態統計）となり、転倒と転落を含めた転びによる死亡者数は7,312人と、**図2-5**に示すように交通事故による死亡者数（7,309人）をわずかですが超えました。転びによる死亡者の多くは高齢者で頭部打撲による脳内損傷、下肢骨折が原因で寝たきりとなり死亡しています。

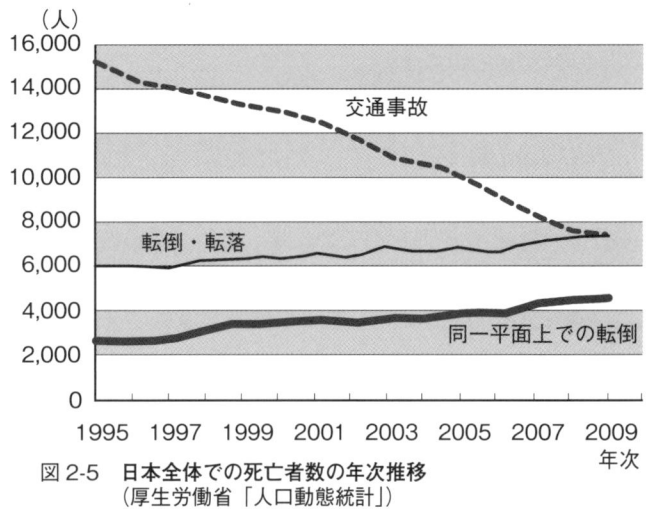

図2-5　**日本全体での死亡者数の年次推移**
（厚生労働省「人口動態統計」）

現在の労働災害での転倒事故による傷害の重篤度は低いのですが、社会全体では、転倒により多くの人々が死亡し、その8割以上が65歳以上の高齢者です。

65歳ごろから転倒による大腿骨頸部骨折が起こり、寝たきりから、肺炎などを併発して死亡する傾向があります。現在、中小企業を対象にして70歳までの雇用延長を国として推進しているため、今後、65歳以上の高齢労働者が増加するにつれて、転倒による負傷は擦り傷・打撲だけで終わることなく、重篤度の高い大腿骨等の骨折などによる歩行障害を引き起こす災害が増加すると予測されます。最悪の場合は、寝たきり状態となり余病を併発して死亡に到る可能性があります。

③ 「転倒」と「墜落・転落」の違い

「転倒」と「墜落・転落」で、姿勢バランスを崩すのはトリガー（事故の引き金となる）要因といわれる「立ちくらみ（めまい）」、「滑り」、「つまずき」、「踏外し」、「不安定な床への着地」、「足のもつれ」、「動作の反動」、「あおられ」、「接触」などです。「転倒」と「墜落・転落」では、姿勢バランスを崩した場所（床面、階段、足場、はしご、屋根、トラックの荷台など）の違いだけと考えられます。そのため、区別することなく、姿勢バランスを崩した後の落下衝撃エネルギーの違いとして一括して扱えます。高所作業の多い業種では、「墜落」や「転落」による死亡事故が多く、

平地を歩行する作業の多いビルメンテナンス業では、転倒事故が多いのです。そこで、転倒と墜落・転落を含めて「転び」とします。「転倒」と「墜落・転落」を含めた転び災害は、労災死傷災害の37％、死亡災害の29％（2010年）を占めています。

ただし、労働災害の分類では、「転倒」、「転落」は車両系機械がバランスを失って倒れた場合も含めて定義していますが、本書では、人が転び地面に倒れた状態を問題とし、「転倒」、「墜落・転落」を含めた意味で「転び」を用いています。以下のように定義します。

> 「転び」とは、「床面、道路、階段、斜面、足場、はしご、脚立などで姿勢バランスを失ってあるいは足を踏み外して地上に倒れあるいは落下した態様。」

コラム 「転倒」、「墜落」、「転落」の違いは？

労働災害の分類では、「人がほぼ同一平面上で転ぶ場合」あるいは、「つまずき」または「滑り」により倒れた場合を「転倒」とし、樹木、建築物、足場、機械、乗物、はしご、階段、斜面などから落ちることを「墜落・転落」として区分しています。また、交通事故を除き車両系機械と共に「転倒」、「墜落・転落」した場合も含めています。

英語では、バランスを失って倒れる意味で「Falls」と表記し、「Fall on the same level」、「Fall on and from stairs and steps」のように、「Fall」の後ろに場所を表す「床面」、「階段」、「はしご」などを置いて表現します。一方、日本語では、「段差でつまずいて、転倒して腕を骨折」、「階段歩行中から転落して脚を骨折」、「電球を交換中、脚立から墜落して頭蓋内損傷」などと表現します。このように、バランスを崩した場所や倒れるまでの状況に応じて「転倒」、「転落」、「墜落」と使い分けています。

しかし、各種の事故統計よってはこれらの語彙の定義が若干異なります。

主な事故統計には、「救急出動記録に基づく消防統計」、「死亡診断書に基づく人口動態統計」、「病院からの報告に基づく危害情報」、「死傷病報告書に基づく労働災害などの統計」などがあります。

東京消防庁では、「転倒」とは、「同一面上でバランスを失い倒れて受傷したもの」、転落とは、「高低差のある場所から地表面または静止位置まで、スロープなどに接触しながら転がり落ち受傷したもの」、墜落とは、「高所から地表面または静止面まで落ち受傷したもの」と定義しています。つまり、階段・スロープでは「転落」、はしご、屋根では「墜落」となります。国民生活センターが収集している病院危害情報では東京消防庁の救急事故分類に準じています。

国際疾病、傷害および死因統計分類（ICD-10）に準じて1995年以降の人口動態統計（日本語版）の表記では、「Falls」の日本語訳を「転倒・転落」としています。1994年までの表記では、「Falls」を「墜落」、「転倒」と和訳し、「転落」の語彙は使用されていませんでした。このことが、日本で「転倒」、「転落」、「墜落」の語彙の用い方に混乱を生じさせた大きな原因の一つと言えます。最近の人口動態統計（日本語版）では、バランスを崩して倒れた箇所ごとに、同一平面上では「転倒」とし、その他の箇所からの場合をすべて「転落」と訳しています。そのため、「墜落」の語彙は現在の人口動態統計からは消えて、床面が水平面であるか非水平面であるかによって、「転倒」と「転落」とに分類していることになります。

> **ポイント** 近年、労働災害による死傷者数では、転倒災害が第1位。定年が引き上げられ、高齢労働者が増えていくと見込まれる将来、転び災害は最優先に取り組むべき課題です。

第3章 歩行と身体機能の理解

1 歩行と転び

　四足歩行と比較すると直立二足歩行は不安定でかつ頭部が最も高い位置にきますので（図3-1）、転んだ場合に頭部に致命的な損傷を受けやすくなります。成人の頭の重さは約5kgであり、1mの高さから硬い床に頭部を打ちつけると、頭蓋骨は簡単に砕けます。「一命取る（1メートル）」として、転びの危険性を戒めています。

　二足歩行を観察してみると、最初に体を前傾させて体のバランスを崩し、次に、倒れるのを防ぐように片足を前に出して支えて、次に同じように体を前に崩して、他の足を前に出して体を支えています。この繰り返し運動で移動しています。つまり、「安定」→「不安定」→「安定」の状態を繰り返していることになります。

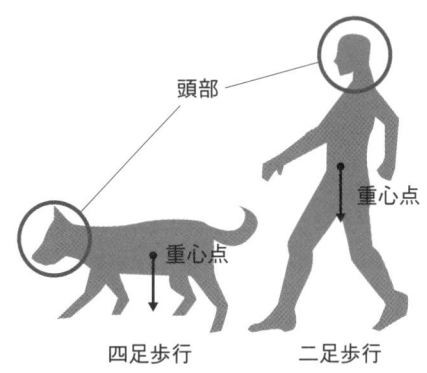

図3-1　歩行中の重心点と頭部の高さ

図3-2　身体機能内部の制御メカニズムと外乱

2 身体機能と転び

　私たちはあたりまえのように直立二足歩行していますが、最先端の技術を使った歩行ロボットですら、人間と同じよう跳び上り、急ターンするなどの動きはできません。歩行時の各身体機能は連係して複雑に働いています（図3-2）。

　人間の身体機能は以下のように大別することが可能です。

- **感覚機能**　平衡機能、聴力、視覚機能
- **中枢機能**　判断力、記憶力、注意集中力
- **運動機能**　筋力、体力、持久力、柔軟性、敏捷性
- **生理循環機能**　心機能、呼吸機能

姿勢バランスは身体機能を統合的に働かせていますが、以下の3つの主要な感覚器官からの情報で制御されています。

- **視覚からの情報**……………………………………………周囲の外部の空間位置情報
- **三半規管と耳石器からの情報**……………………………頭や姿勢の動きなど体の内部情報
- **筋肉・腱・関節、足裏の圧力感覚などからの情報**………身体各部に働く力の大きさの認識

感覚器官には、外界からの刺激を受ける外受容器と、体内で発生する刺激を受ける内受容器とに分けられます。その内容を以下に示します。

- **外受容器**：環境変化の物理的な刺激に感知する五感（視覚、聴覚、味覚、嗅覚、触覚）から周囲の状況を意識し認知します。感覚器官は、体の外側に存在します。
- **内受容器**：平衡感覚器官や関節、腱、筋肉など体の内部に存在する受容器。内受容器からの感覚情報は意識されることはありません。

感覚器官からの情報を脳に送って統合的に処理して、連続的に体の動きや周囲の状況を認識し歩行姿勢の安定性を保つための制御がなされます。そのどれか一つでも衰えると、わずかな滑り、つまずきで姿勢バランスを崩します。加齢による継続的な身体機能の衰えだけでなく、疲労、睡眠不足、悩み、ストレスでも一時的に姿勢バランスを崩しやすくなります。以下に、身体機能について詳しく解説します。

(1) 平衡感覚（三半規管と耳石器の働き）

耳の奥には、頭の回転を感知する三半規管と体の前後左右、上下の動きを感知する耳石器があります（**図3-3**）。三半規管は、互いに直行する3本のループ状の管からなっています。三半規管の内はリンパ液で満たされており、頭が回転するとリンパ液が管中を移動しそれを感覚毛が感知します。耳石器は、三半規管の根本の内部に存在しており、ゼラチン様物質からできた膜があり、その上にある耳石（炭酸カルシウムの結晶）が点在しています。

体の動きに呼応してこの耳石器に加速力がかかり、耳石器の動きから体の動きを感知します。上下と前後の2方向の直線的な動きを感知します。上下前後運動と回転運動を感知した情報は、脳に伝えられ、歩行や目の動きなどをコントロールします。頭部が上下動しても、周囲の景色がぶれないのは、この調整制御機能によるのです。また、三半規管のリンパ液の流れは、寝たきり状態が続くとリンパ液の動きが滞り、管内に老廃物がたまることがあり、起き上がった時に「めまい」、「立ちくらみ」を引き起こすことがあります。

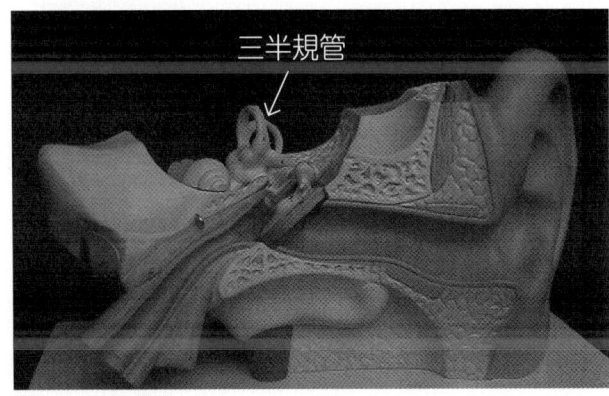

図3-3 三半規管

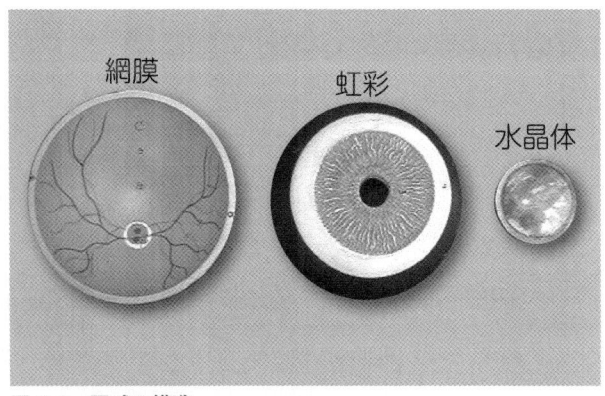

図3-4 眼球の構造

(2) 視覚と脳の働き

　視覚情報は、姿勢バランスを取るのに重要な役割を担っています。開眼時の頭の揺れは外界の景色の揺れとして感知できます。目の水晶体（直径9mm、厚さ4mmの凸レンズ）は、卵の白身のようなタンパク質の一種からなっています（**図3-4**）。加齢とともに、光の透過率が低下してきます。そのために65歳以上の高齢者では20歳代と比較すると2～3倍の高い照度を必要とします。

　目から入った外界の様子は小さな切手ほどの大きさの逆さまの映像として網膜上に映し出されます。網膜の一点に色を識別するセンサーが集中して分布していますので、よく見るためには、見たい方向に必ず目を向ける必要があります。網膜上に映し出された逆さまの映像は、視覚細胞信号となり視神経を通して脳に送られて、脳内に外界のイメージを創造します。網膜上の視神経の収束した部分（盲点）の映像は欠損していますが、黒点にならないのは脳内でその部分の映像イメージを無意識のうちに調整しているためです。

　視野の右側にある像は左脳に、左側にあるものは右脳に送られて、脳内で立体映像が創造されます。このように、目で見ているのではなく、脳内に創造される像を見ているため、脳の働きが衰えると、周囲の状況（空間識）が認識されないことになります。例えば、脳の左側に脳梗塞を生じると、視野の右側が見えにくくなります。

(3) 加齢による視力の衰え

　50歳を過ぎるころから視力低下（老眼など）、視野がかすむ、視野が暗い、視野中央部がかすむ、視野狭窄、視野欠損が生じるなどの症状が現れます。高齢者の転び災害原因に「つまずき」が最も多いのですが、その原因は視覚機能の衰えにあります。老眼は、加齢により水晶体の調整力が衰えることによります。その発症メカニズムは、複雑で、水晶体の硬化、視神経系や脳内の視覚情報処理の衰えなども関係していると考えられますが、完全には解明されていません。高齢者の目の疾患には、白内障、緑内障、加齢性黄斑変性などがあります。糖尿病によっても網膜異常を発症します。

　「白内障」とは、加齢とともにタンパク質からなる透明な水晶体に黄ばみなどの混濁が生じて視野がかすんでくるために、光の透過率が下がるために起こります。一般的に、白内障になると視力が低下し、光がまぶしく感じるようになります。

　「緑内障」とは、眼圧の上昇などで視神経に圧力がかかり異常が生じて視野が狭くなったり、視野に部分的な欠損を起こします。一度視野を喪失すると進行を遅らせることはできても、回復させることはできません。発症する末期まで自覚症状はありません。日本では最大の失明原因となっています。

　「加齢性黄斑変性」は、黄斑の網膜が障害されることにより発症します。径3mmほどの黄斑の中央には、視覚感度のもっとも高い中心窩があります。障害が起こると視野の中心部の視力を喪失し、周辺視野には変化が見られないのが特徴です。高齢者の失明原因となる病気の一つで、最近は日本でも増加する傾向にあります。50歳前後から年齢とともに増加し、75歳では全体の3分の1になんらかの発症が見られます。

(4) 感覚情報と複雑な脳内処理

①めまい

　目からの視覚情報、筋・関節からの感覚情報、三半規管や耳石器からの平衡感覚情報が過去の生活体験と違っていたりすると、脳内での情報の統合処理に混乱が生じて、「めまい」「酔い」「吐き気」「冷や汗」「耳鳴り」などを引き起こします。例えば、目から入る景色の動きと体の動きの過去の経験との不一致の状態です。船酔い、車酔い、宇宙酔い、3次元バーチャルリアリテイ映像による酔いなどがそれに当たります。複雑な身体機能の制御の上に、二足歩行が可能となっています。特に、一時的に起こる「めまい」は、転び災害だけでなくさまざまな他の事故の原因となっています。

　その他の「めまい」は、以下のように大別できます。

- **生理的なめまい：急な立ち上がりにより脳が虚血状態となり目の前が真っ暗になる。**
- **回転性めまい：三半規管、耳石器に原因が多い。**
- **動揺・浮動性めまい：主に小脳・脳幹部を原因とすることが多く、自律神経失調症、うつ病などの心因性でも起こる。**

　このように「めまい」の原因は、内耳障害、脳血管障害、頭部外傷、循環器異常、頸椎異常、心因性、目の病気、一過性脳虚血、疲労、睡眠不足などさまざまです。

② 高所恐怖感と歩行

　床面に幅10cmの角材を置いて、その上を歩いたり、回転したりするのは、さほど難しくありませんが、1mほどの高さにすると、恐怖感から、地上のようには歩けなくなります。それは、視覚情報から恐怖感が生まれて姿勢バランスを取りにくくしているのです。

　心理的緊張から心拍数と血圧変動、筋肉の緊張も起こります。ビルの鉄骨を組立作業する鳶職人や、電柱に登って作業する電工には、この高所作業による恐怖感によるストレスが重なり、疲労も地上作業よりも大きくなります。筆者が行った屋外実験では、約20mの高さにある、手すりのない足場板（幅24cm）上を被験者に歩行させると、血圧変動を引き起こすほどの強い恐怖感を生み出しましたが、手すりがわりにロープを水平に張ると恐怖感がかなり減じていきました。高所歩行では、「転ぶと大けがをするかもしれない」「死ぬかもしれない」といった恐怖感が生まれて、歩行の姿勢制御系に大きな影響を与えます。また、視覚情報から生まれる心理的なストレスでも体のバランス調整や体の循環器系に大きな影響を与えます。しかし、高所作業の危険を察知して怖がることは、身構えが生まれて、危険回避行動を取りやすくなります。高齢者では、危険を察知する能力が低くなり、この身構えのスイッチが入りにくいことがあります。

❸ 筋肉と運動

(1) 抗重力筋

　人間の体には筋肉が約640本あります。脚を上げて一歩前に踏み出すだけでも筋肉を少なくとも40本、歩行中は200本の筋肉を使用すると言われています。一般的に、背部の筋肉と比較すると、前部の筋肉はあまり使われないため、加齢とともに早く衰えますし、筋肉を構成する筋線維（非常に細い線維状の筋細胞）の収縮力のほんのわずかな衰えが筋力に影響を与えます。特に、筋線維が多く収束している太い筋肉ほど加齢による衰えは大きくなります。

立位姿勢を保つために重力に対して常に働く筋肉があります。この筋肉のことを抗重力筋といいます（**図3-5**）。身体動作の前後の動きを体の前面と背面側の筋肉で行っていますが、主に背面側が働きます。脊柱を真っすぐに保つために脊柱起立筋群と腹筋群が共に働きます。

歩行時に使用される下腿後面にある筋群（大腿二頭筋、半膜様筋、半腱様筋）は膝関節を屈曲させる役割があり、ハムストリングスとも呼ばれています。大腿部を引き上げるために使用する腸腰筋は、大腿骨の上部と腰椎部の間の筋肉（大腰筋）と大腿上部と骨盤の間の筋肉（腸骨筋）を合わせた筋肉です（**図3-6**）。この筋肉群は加齢により著しく衰えてきます。40歳から始まり、大腰筋の筋肉断面量は20歳代と比較すると、60歳代で約40％、70歳代で約50％減少していると言われています。高齢者の歩幅は短くなったり、ごくわずかな段差でつまずきやすくなるのは、大腰筋が衰えていることと関連があります。また、脚、足指の筋肉の衰えは、わずかな滑り、つまずきに対して、姿勢バランスを崩しやすくなります。

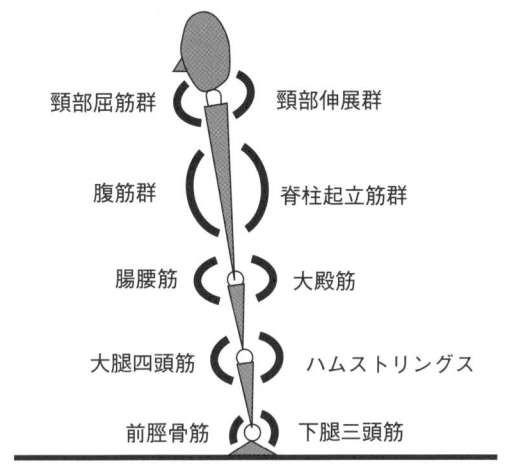

図3-5　立位姿勢保持のための筋肉群

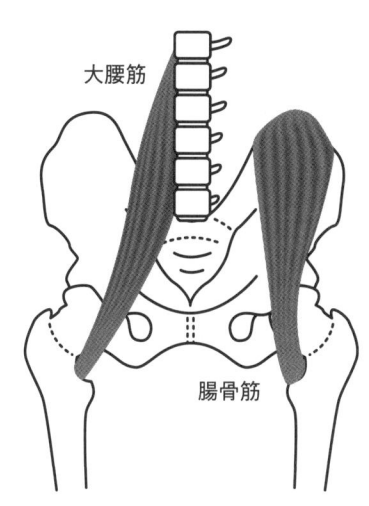

図3-6　脚を引き上げる筋肉

資料（首都大学東京体力標準値研究会、新日本人の体力標準値Ⅱ、不昧堂、2007年9月）から30歳の平均的な身体機能検査値を100とした場合の各年齢の相対値を計算すると**表3-1**のようになりました。転びに関連する主な運動能力の検査法のうち、ここでは、「閉眼片足立ち時間」「ジャンプステップテスト」「開閉跳躍検査」「脚筋力」の相対値を50歳、55歳、60歳、65歳ごとに示しました。各検査法の詳細は前述した資料を参照してください。ただし、脚筋力は両脚による検査ですが、65歳に関する測定データは見あたりません。表3-1を見ても、加齢による運動能力の衰えを否定することはできません。閉眼片足立ち時間で加齢による落ち込みは特に大きく、65歳で男性22％、女性14％となっています。その他の運動能力は、ほぼ半減しています。運動能力の衰えは静かにゆっくりと進行するために、一般的傾向として加齢による運動能力などの衰えを高齢労働者は気づきません。このことが

表3-1　高齢労働者と運動能力

| 検査項目 | 30歳の能力を100とした場合の能力 ||||||||
| | 男 |||| 女 ||||
	50歳	55歳	60歳	65歳	50歳	55歳	60歳	65歳
閉眼片足立ち時間	46	39	29	22	44	37	24	14
ジャンプステップテスト	75	69	62	55	75	69	63	56
開閉跳躍検査	76	66	57	46	74	64	53	42
脚筋力	70	64	59	—	64	56	47	—

注）首都大学東京体力標準値研究会資料（2007年版）から計算して求めた。

今後の大きな課題ともなっています。
　年齢と平均的な運動能力との関係は時代とともに変動しています。資料（文部科学省：平成21年度体力・運動能力調査）によると、同じ高年齢（60歳以上）であっても10年前と比較すると運動能力はわずかですが向上しています。
　日頃から運動を心がけている高齢者は身体が柔軟で運動能力が高い傾向が見られます。このため、運動能力に個人差が大きい原因でもあり、年齢だけで一概にその運動能力などを判断できない理由ともなっています。

(2) 足と働き

　姿勢バランスを取る上で、足関節部の円滑な動きが非常に重要となります。リュウマチなどで足関節の動きが拘束されると、わずかな滑り、つまずきで簡単に転びます。階段を降りる時は、特に問題となります（第4章4（2）参照）。外から不意の外乱（外からの刺激）に対して、足指のなかでも親指が姿勢バランスを取るのに大きな役割を果たしています。また、心臓からきた血流が足裏から逆戻りしますが、この時に成人は平均して5L毎分の血液を循環させています。この足裏を刺激するとポンプのような働きをして血液循環を促す効果があります。そのため、足は第二の心臓と言われています。

(3) 姿勢反射のメカニズム

　刺激を受けた場合に、脳で意識しないうちに脊髄が中枢となって起こる反応を脊髄反射と言います。感覚器が刺激を受容してから行動に移るまでの情報伝達が脳を経由せずに完了するため、脳を経由して反応するよりも素早い行動が可能となります。例えば、熱いものに手を触れたとき、瞬間的に手を離すなどの動作は脊髄反射です。

> **ポイント**
> 直立二足歩行は、感覚、中枢、運動機能などの身体機能の複雑な連携により成り立っています。わずかな身体機能の衰えが転びを引き起こし、ハード的な対策だけでは限界があります。

第4章 転びによる傷害とそのメカニズム

1 転びと高齢者の骨折など

高齢者は転んだ際に地面から受ける衝撃で打撲による挫傷、捻挫、骨折をしやすくなります。ほとんどが、手足の被災ですが、高齢になるほど、骨強度の衰え、とっさの動きが遅いことから、頭部を含めてさまざまな部位を打撲し骨折しやすくなります（図4-1）。

転びによる主な骨折などには以下があります。

- **歩行中に転んで、前方に手をつく橈骨遠位端骨折（コーレス骨折）**
- **滑って後ろに転んで尻を打つ腰椎圧迫骨折**
- **後頭部を打ちつける後頭骨骨折**
- **背中を打つ脊椎骨折**
- **ふらついたりして横方向に転ぶ大腿骨頸部（足の付け根部）骨折**
- **肩を打ちつける上腕骨近位端（上腕の肩との付け根部）骨折**
- **頭部・顔面を打ちつける頭蓋・顔面骨折**
- **階段や脚立から跳び降りる踵骨骨折**
- **階段上から後方に転落による後頭部を打撲し脳挫傷**
- **階段上から前方に転落による顔面・頭部、肋骨、手首を骨折**
- **高所から転落による脊椎、骨盤などの合併骨折（高所からの転落では、片側骨盤移動骨折、脊椎の脱臼を伴う骨折、股関節の脱臼、足関節骨折、踵骨骨折などの複雑骨折）**

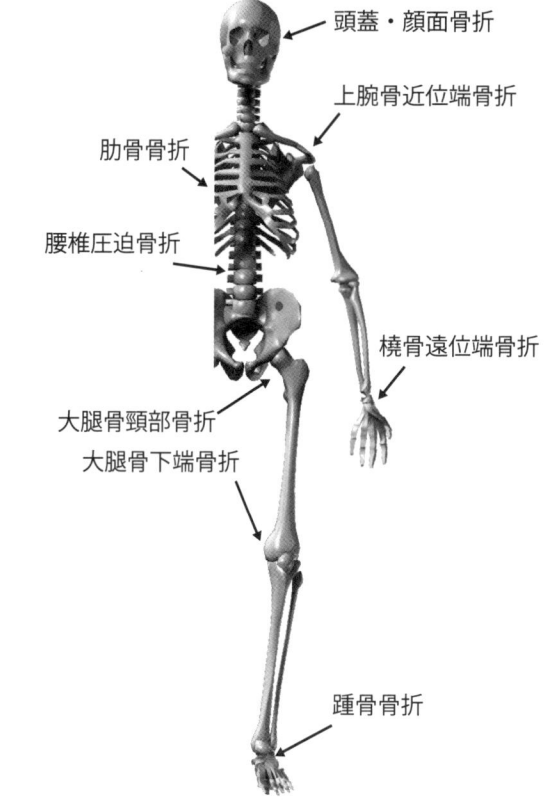

図4-1　骨折の主たる箇所

死亡あるいは後遺症が残り、かつ、ダメージが最も大きいのが、頭部・顔面骨折に次いで、骨接合手術や人工骨頭の置換手術を行う「大腿骨頸部骨折」です。入院は約2カ月必要となります。「腰椎圧迫骨折」では、入院は約1〜2カ月です。入院の必要はなく比較的被災の程度が小さいのは、「上腕骨近位端骨折」です。

❷ 転びのメカニズム

(1) 転び方の分類

転びのパターンは、倒れる方向によって、前方、後方、側方に区分できます。高齢者は受け身を取れずに足を軸にして棒のように倒れる「棒状型」、尻から後方に転ぶ「尻餅型」、体が浮き上がり転ぶ「浮き上がり型」、回転しながら転ぶ「回転型」があります（**図4-2**）。その他に、足腰の力が抜けて立てなくなる「しなだれ、へたりこみ」があります。

後方への転びで後頭部を打ちつけ、曲がり角では体側部を、前方への転びで顔面や腕、胸を強打します。

様態	前方	後方	側方
棒状型			
尻餅型			
浮き上がり型			
回転型			

図4-2　床面・階段での転びパターンの類別

(2) 姿勢バランスを崩してから衝撃を受けるまでの時間

ダミーを使った実験では、滑りやすい床面で後方に転んだ場合は、頭・胸など打ちつけるまでの転び時間は平均0.83秒です（**図4-3**）。この時に滑りやすい床面で転ぶと、滑った足が空中に浮き上がる現象が見られます。滑りにくい床面での転びでは、必ず足を基点として回転して転ぶ時間は平均0.98秒でした。ゆっくりした歩行でその場に転ぶような場合は、転び時間は長くなり1.1から1.2秒となりました。

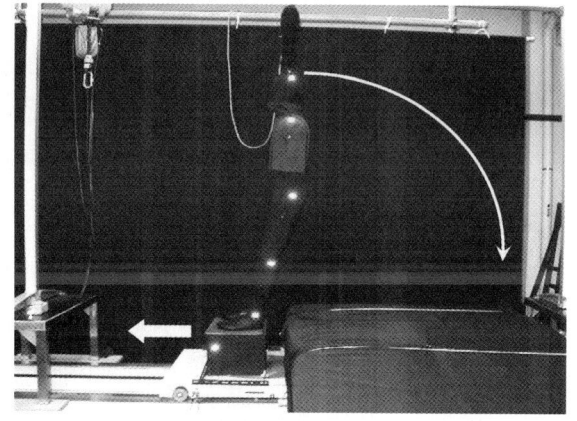

図4-3　後方転び（転び時間0.83秒）

階段での降りる時の転落では、落下高さが高くなることもあり、事故のほとんどが降りる時に発生しています。階段でのスタントマンを使った実験では、後ろ向きに階段から転落した場合は、頭部を打ちつける時間は、0.67から0.87秒でした。19段下（落下高さ3m）の踊り場へは2から2.5回転しながら転落し、平均4.5秒から6.1秒でした。階段を昇っている時に足を踏み外して、身体を踏面に打ちつけるまでの時間は、わずか0.4秒です。

(3) 衝撃速度

ダミーを使った実験よると、転んだ時の床面への頭部の打撃速度は棒状に転んだ場合は、時速22〜23kmです。実際の防御姿勢を取った時には、股関節と足首関節が折れ曲がるように転びま

すが、その時の衝撃速度は最も遅く時速17kmです。股関節と足首関節の滑らかな動きが、回転速度を弱める役割を担っていました。若い被験者を用いた後方への転び実験によると、頭部を守るように体幹をできる限り鉛直に近く保ち、お尻から地面に落ち、その後に腰を基点に後方に上半身が回転します。ダミーで行った実験値より速度は遅く、転び時間は長くなる傾向があります。

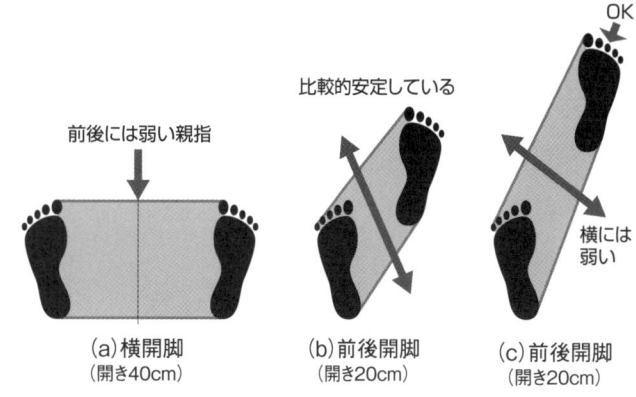

図4-4　立位姿勢を保持するための身体支持基底面

（4）姿勢を安定させる基底面

図4-4のように姿勢を保持する足位置によって姿勢の安定性（身体支持基底面）が異なってきます。

（a）の横開脚は、足場など踏み板の幅の狭いところで行う塗装作業などで見かけられます。この足位置は、横方向からの力には強いのですが、前後方向からの力には非常に弱くなります。

（b）のやや狭い（20cm）前後開脚は、『自然体』と言われる足位置で、多方向からの力に対応できる、安定した足位置です。（c）の開き幅の大きな（40cm）前後開脚は、トラックのロープがけ作業などでの足位置です。たて方向に大きな力をかける場合に発揮しますが、斜め方向からの力に弱く、トラックの荷台からの転落事故などの要因とも考えられます。

いずれの足位置でも、体の重心点がこの身体支持基底面から外れると姿勢の安定を失います。立位姿勢の安定性は、身体機能（筋力、敏捷性、平衡能力など）や足の開き幅、履物などによっても変わります。

３ 床面での転び

（1）滑りとつまずき

床が滑るのは危険ですが、あまりにも滑りにくいと、つまずきやすくなります。滑り止め床材や滑り止めシートで滑りにくくすると、そこで転ぶことがあります。滑り抵抗値とリスクの関係を概念的に示しました（図4-5）。「滑り」とは、言い換えると、歩行中に予期しない大きな水平加速が加わった状態であり、「つまずき」は、歩行中に急減速が体に加わった状態とも考えられます。緩やかな急加減速の外乱であれば、姿勢バランスの崩れを立て直すことができます。

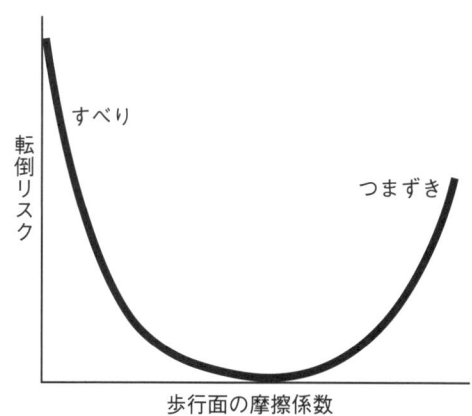

図4-5　歩行面の摩擦係数と転倒リスクの概念図

(2) 危険な滑りとは

滑りリスクは、以下のような場合に高まります。

- ・進行方向を急に変えた時
- ・急停止した時
- ・急いでいた時（大きな歩幅）
- ・床の摩擦係数が突然変化する箇所

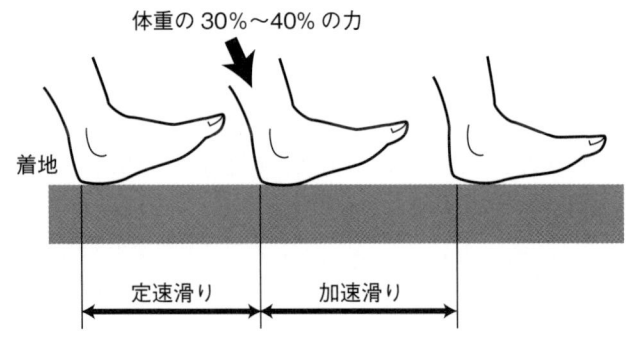

図4-6 床面での滑り現象

スキーやスケートの滑りのように、一定速度で滑る場合は、体の重心点と足の動きはほぼ同じ速度で移動し危険ではありません。加速的な不意の動きを生じさせる滑りが危険なのです。

実験によれば、石けん液で覆われた床面で足が滑る状況を観察したところ、足の滑りは足が床に着地して、一定速度で動いた後に、足裏に力が体重の30～40%かかると瞬間的に急滑りします（**図4-6**）。この時の速度が時間の変化に対して一定の傾きで変化していることから、一定の加速力が加わっていたとも言い換えられます。実は、この不意の力が姿勢バランスを崩すのです。いままでは、足は停止状態から急に滑ると考えられていましたが、一定速度で動いた後に、急滑りすることが判明しました。

(3) 摩擦と危険な滑りの評価

滑らないと安心していたところ急に滑ったりすることがあります。この時の、滑り開始直前の摩擦抵抗を最大静止摩擦で、滑っている時の摩擦抵抗が動摩擦です。この場合は、最大静止摩擦力が非常に高く、動摩擦力が極端に低く、不意打ちを受けたような状態となっています。例えば、安心して屋根等の傾斜面を昇っている時に、いきなり滑り出すようなものです。JISやISOの安全靴の耐滑性の測定法では、最初の高い最大静止摩擦係数でなく、滑っている時の低い動摩擦係数により評価しています。動摩擦係数が高いほどゆっくりとした滑りとなり安全なのです。JISの安全靴の耐滑性は、なめらかな床面が油などの潤滑膜でおおわれている状態で動摩擦係数を測定しています。

転びに関係する滑りの測定時の床面の状態（水、雪、油、砂など）、測定条件（温度、引張り方法、接触時間、鉛直荷重、接触速度など）によって測定値は変動します。世界中には50種以上のさまざまな測定法がありますが、筆者らが石けん液で覆われた床面の摩擦係数を代表的な試験法について調べたところ、実測した転倒リスクとほぼ一致したのは、被験者を使って行うランプテスト法（歩行傾斜面法）でした。この方法は、ドイツの滑り測定の国内規格（DIN51097：1992、DIN51130:1992）となっており、広く欧州各国でも使用されています。

(4) 簡便な測定法

歩行傾斜面法（**図4-7**）で非常に簡便に摩擦係数の測定を行うことができます。被験者が床面上で足踏みを行い、その床面を徐々に傾けてゆきます。滑り始める角度の前後で細かく調整して足踏み歩行時の滑りを観察して、滑った斜面の傾斜角度から摩擦係数を求める方法です。傾斜角度の

「高さ」を「底辺の長さ」で除した値（tan値と称する）で表します。理論的にはこの計算値が摩擦係数となります。ただし、検査する際には事故防止のために、足踏みはゆっくり行い、手すりや人の手に軽くふれながら行います。

実際の歩行時の滑りによる評価のために、実際の転倒リスクにより近い評価ができます（**図4-8**）。

図4-7　歩行傾斜面法による摩擦係数の測定

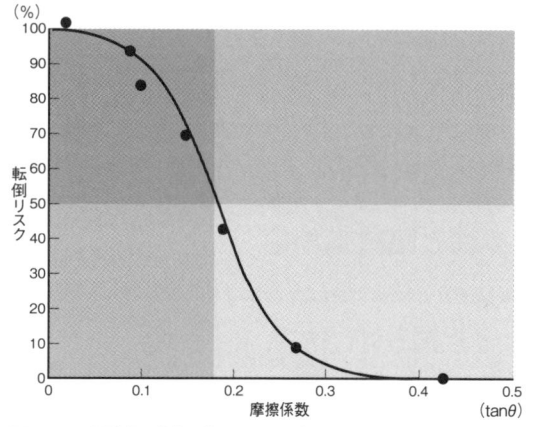

図4-8　傾斜面歩行式による測定値とリスク

（5）滑りの防止

①履物

靴底の模様の要件は、床面上の水膜や油膜を切るためには、靴底の模様のエッジが鋭くなっており、水などを流す溝が必要で、その後に素地を床材に密着させる表面が平らな凸面（トレッド面）が必要です（**図4-9左**）。一般にウレタン製の履物はゴム製と比較すると滑り抵抗値が小さいのですが、履き慣れてくるころから、床面と靴底がなじみ、摩擦抵抗値が増す傾向が見られます。また、同じ材質でも底のパターンによって滑り抵抗値にかなりの差が見られます。図4-9**右**の靴底は大変滑ります。一般に、水、油面上で滑らない靴とは、靴底が舟底のように丸くなく平らであること、靴底の各模様の表面はノコギリ状でなく平らで、トレッド面周囲に鋭いエッジがあること、油などが模様の間に溜まらないような溝があることなどが分かってきました。ウレタン製は耐摩耗性が高いのですが、ゴム製の方が一般的には滑りにくいと言えます。

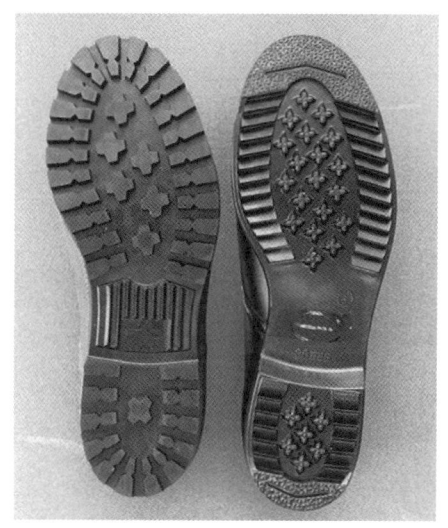

図4-9　靴底の模様と滑り特性の違い
（右側の靴底は非常に滑る）

非常に滑る歩行面では、歩行中に水平力ができるだけ発生しないようにして歩きます。つまり、短い歩幅で床面を上から踏みつけるようにして、ゆっくり歩行すると滑りは発生しにくくなります。滑りやすいのは、歩幅を広く取り急いでいる時、曲がり角などで進行方向を急に変える時です。また、昇りより降りる時の方がより滑りやすくなります。

②床面

雨天時の建物出入口付近は、一時的に水を吸い取るマットを敷くことが必要です。床表面を傷つけたくない場合は、薬品加工する方法や滑り止めシートを貼る方法がありますが、歩行頻度が高い

場合はいずれも効果は数カ月しか持ちません。滑りにくい床であっても、床表面に、水、油、食品カス、魚・動物の血、煮汁などで濡れる食品を扱う箇所では、転びの危険性は常に潜在しています。そのため、床が滑りにくいことはもちろんですが、床洗浄の容易性が求められます。滑りやすい箇所での作業では、重い物の移動は極力、避けます。なぜならば移動時に、より大きな水平力が発生するためです。そのほか滑り特性が大きく異なる建物出入口付近、段差のある箇所、雨水の流れを作るための緩やかな勾配のある箇所での転び災害が起きています。

4 階段での転び

(1) 歩幅と階段踏面幅

階段歩行では、階段の踏み幅に歩幅を合わせる必要があります。そのため、急いで階段を降りようとすると踏み外したり、階段の踏み幅が一定でないと歩調を乱し足を踏み外します。階段の最下段の高さが違うことに気づかずに、同じ高さと思いこみ歩調を乱して転ぶこともあります。

踏み幅は広ければ広いほど良いわけではありません。適正寸法があります。公共の屋外階段では、広い踏み幅の階段がありますが、広すぎる踏み幅では大股で歩行することになり、特に高齢者にとっては歩きにくいのです。「歩きにくさ」について実験的に調べたところ、踏み幅が「30cm」、一段の高さ（けあげ）「15.5cm」の寸法で最も歩きにくさが最小となりました（**図4-10**）。立位姿勢保持の実験でも、歩幅を広く取ると、前後方向からの力に対しては安定するのですが、横方向からの力に対しては安定となりました。このように階段の踏み幅寸法は広いほど良いとは言えません。

(2) ヒールの高さと足関節の働き

階段の降りでは、ヒールを踏面の先端部に引っかけて転落したり、足を踏み外したりして転落しています。階段では、降りる時に転落事故が多く発生しています。ハイヒールは、つま先で立っているような状態に近いので、尻を突き出すような姿勢となります。通勤時に若い女性が着用しているのを見かけますが、不安定な履物である認識が必要です。また、ハイヒールを長期間にわたり着用すると以下の症状が現れます。

- 足首を捻挫しやすい
- 前足部にタコができやすい
- 足の親指が変形する外反母趾になりやすい
- 腰を痛めやすい
- 膝を痛めやすい

実験的にハイヒールを履いている人の姿勢バランス能力を調べたところ、前方向に倒れやすいことが分かりました。そのた

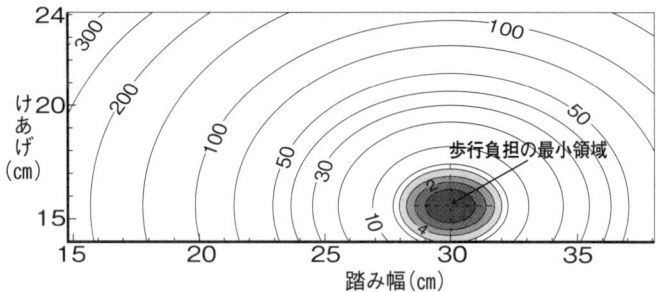

図4-10　階段寸法と歩行負担の最小領域（ハイヒール歩行時）

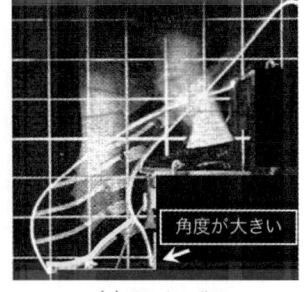
(a) ローヒール

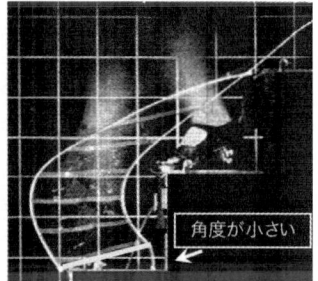
(b) ハイヒール

図4-11　階段下降中の履物の接地直前の靴裏角度

め、階段を降りる時に、ハイヒールを履いた女性に事故が多発しているのです。履物のヒールの高さにより、階段を降りる時の接地直前の靴の動きを調べて見ました。図4-11（a）では、着地直前に靴を傾けて、着地時に靴先から曲げて降り、着地時の衝撃を和らげていますが、ハイヒール（図4-11（b））では、靴底が水平になって降りて着地しています。ハイヒールを履くと足首を底屈（外側に回転）状態で固定されるために、足首の回転が十分にできないのです。足関節の回転が十分にできない高齢者の歩行と類似しています。足関節の動きを固定すると、階段を昇ることはできても、降りることができなくなります。高齢者がリューマチで足首の回転が十分にできない状態と同じです。高齢者にとっては、昇りより降りの方がつらいのは、このためです。また、ハイヒール歩行のように足首の回転の動きがないと、着地時の衝撃を吸収できないために不安定となります。

（3）階段歩行中の視野
①階段入口付近の視野

水平面歩行では、数メートル先に視線を向けており、通路上の障害物や泥道を避けて歩くようなとき以外は、通常の歩行では足元を見つめながらの歩行はしません。足元の安全を予測した上で前方に視点を置いています。足元のわずかな突起物で足を引っかけたり、突然に滑ったりして転ぶ事故は、それが認識できなかったために事前の危険回避動作が取れなかったとも言えます。

階段を降りる時に、入口付近では、階段踏み幅に歩調を合わせる必要があります。その時に、階段の踏み幅、傾き、最初の踏面の位置など、一瞬のうちに観察し判断しています。図4-12のA点から階段下まで見渡せるために、A点から最初の段までの距離は、緩やかな階段では長く、階段入口に近づくまでの間に歩調を整えやすいのですが、急な階段になると、降り口までの距離が短くなり、歩調を整える時間が短くなります。そのために、急いでいる時は、入口付近の踏面で足を踏み外しやすいのです。

階段での転び災害は、階段出入口付近の視線と歩行動作の変わり目で転びが多く発生しています。階段入口付近では、歩調を合わせながら最初の一歩を正確に踏段上にのせる必要があり、最初の段と足元を注視します。最下段付近では、足元への注視から顔を上げて前方への注視へと移行します。その時に足を踏み外すことが多いのです。また、最下段付近では、踏面の幅に合わせた歩調から、階下の床面に歩幅を大きく踏み出すために、水平力が大きくなり滑りやすくなります。

②階段を降りている時の視野

階段を降りる時に、踏面の奥は隠れて見えません（図4-12右下）。広い踏面ならば、足の位置

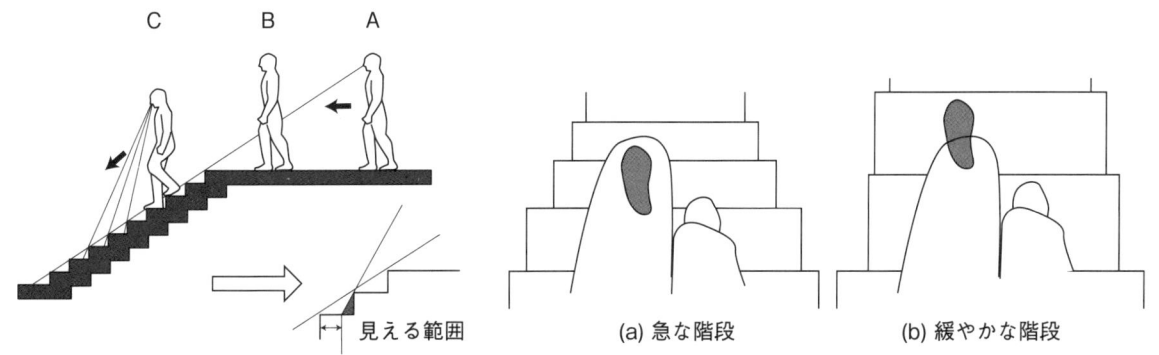

図4-12　階段下降時の踏面の見える範囲　　　　　　　図4-13　脚の動きにより視野が遮ぎられる現象

を確認できますが、急な階段では、足幅の寸法を確認できないことがあります。そのため、踏み誤りが多いのです。また、高齢者の視力は衰えていますので、踏面の先端の視認が難しくなります。

　急な階段では、自分自身の大腿部で踏面への視野が隠されてしまうことがあります。階段を降りるときに大腿部の動きで足を着けようとする段が一瞬、隠されてしまうのです（**図4-13**）。急な階段ほどその傾向が強く出てきますので、急いでいたりすると見誤りから足を踏み外しやすいことになります。そこで、階段出入り口付近や段差のある箇所では、視線を奪う壁時計やポスターなどは、避ける必要があります。

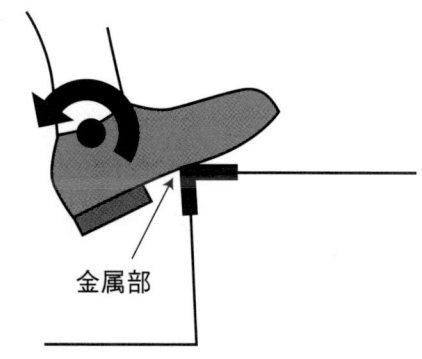

図4-14　靴先の滑りによる踏外し

③**段先端部での滑り**

　階段の昇りで足先を踏面に引っかけたりして、前のめりに転んで、致命傷を負うことがまれにあります。靴先で踏面を昇ろうとして、足が回転し、踏み外します（**図4-14**）。ある男性（64歳）が階段を昇っている時に、足を踏み外して胸部を強打し、折れた肋骨が肺に刺さり肺挫傷で呼吸困難（「気胸」）となり死亡した例もあります。

❺ 屋根面での滑り

(1) 屋根面の摩擦

　住宅の屋根のトタン板葺き作業中に、不意に滑り出し、体のバランスを立て直す間もなく、そのまま地上に墜落して死傷するといった事故が起きています。滑りやすい屋根面でもゆっくり昇っていると滑りませんが、一旦滑り出すとそのまま軒下まで滑落することがあります。最初に滑りが起こらなかったのは最大静止摩擦抵抗によります。屋根面でのさまざまな状況下での動摩擦係数を測定してみました。同じ傾斜角度であっても小さな動摩擦係数ほど勢いよく滑落します。靴や床材の滑り特性の評価法と同じように、屋根面での滑りの危険性を最大静止摩擦係数で表記するのでなく、より小さな値となる動摩擦係数で危険性を表すほうがより現実的です。

　小雨が降り出した直後は、乾いた面と濡れた面が混在しており、濡れた面を踏み付け足を滑らせて姿勢バランスを失い滑落します。乾いた面と濡れた面では摩擦力が全く異なるために起こる事故です。実物大の屋根を用いて屋根材料、労働者の履物別に動摩擦係数を実測しました。履物は、地下足袋（ゴム底、のこぎり状の模様）、安全靴（牛革タイプのウレタン底、星型模様底）、安全靴（スニーカータイプのゴム底、平らな模様底）です。スニーカータイプの安全靴は、耐滑靴として市販されているものを使用しました。トタン板葺き屋根と合板板葺き（野地板）屋根について、各履物別に動摩擦係数を測定した結果によると、乾燥時は0.77〜0.84ですが、水に濡れると、動摩擦係数は、0.16〜0.37まで下がります。これは、傾斜角度に置き換えると、乾燥時は、38〜40度以下の範囲では滑らないが、水に濡れると9〜20度以下の範囲で滑落してしまうことを意味します。地下足袋では、トタンが濡れた場合では79％も摩擦係数が低くなります。安全靴では、この値は72％、スニーカータイプの安全靴では59％となりました。屋根作業中に姿勢バランスを失い横倒

しになった時、作業服で滑りを止めなければいけないことになります。作業服は靴より低い摩擦特性を示しました。もし、屋根面で横倒しに転んだとすると、服の摩擦抵抗力がないために滑落することになります。

(2) 屋根面での昇降姿勢別歩行と滑り

傾斜面上の歩行では、昇りより降りの時の方がより滑りやすくなります。急傾斜の屋根面上では、山側に体を向けて背を谷側に向けて降りるほうが、転びを防ぐことができます。これは、歩行中は足裏のつま先部から着地して滑りが発生しにくいことと、体重心が常により広い身体支持基底面におさまるためです。

6 はしご・脚立などからの転落

屋根などからはしごに乗り移る時に、降りようとした時に事故が多く起きています。なぜでしょうか。昇る時は、踏み桟（さん）を手で握りしめながら、次にその踏み桟に足を乗せます。しかし、降りる時では、足がかりとなる踏み桟の位置を目視によって正確に確認できにくいために、予測して下方の踏み桟に足を置くことになります。そのため、ぎこちない動作となりがちです。この場合は、手でしっかりと体重を保持し、次に、踏み桟に足を置く必要があります。

(1) 傾斜はしご

生活災害を含めて、はしごから墜落・転落して毎年約 200 名以上の方が亡くなっています。これらの事故の原因として、はしごの使い方に問題があります。はしごの傾斜角が小さくなるほど、また、労働者が上に昇るほどはしご下端にかかる水平力は増して、滑りが発生しやすくなります。安全上、はしごの傾斜角を 75 度にして使用します。消防用のはしご車の最大傾斜角も 75 度です。しかし、それはなぜでしょうか。図 4-15 に示すようにはしごの傾斜角ごとに、昇降時の膝と肘の動きに着目してみますと、図 4-15 右側の傾斜角 80 度では、膝がはしごにあたって脚が横斜めになっています。一方、60 度では、肘が伸びきってしまい、体を前傾させるために腕に多くの負担がかかります。80 度の傾斜角では、体を腕で引きあげることになり、やはり腕の負担がより大きくなりますし、踏み桟から手が離れれば墜落するリスクが大きくなります。傾斜角が 75 度の時は、体重のほとんどを脚で支持でき、腕にかかる力が最も少なくなり作業性が増します。また、昇る時に屈曲させた膝がはしごにあたることなく、また肘が伸びきらないために桟を強く安全に握ることが可能となります。つまり、傾斜角 75 度のはしごは、筋負担、昇降性、作業性の観点から優れているのです。

その他の理由として、はしごの安定性があります。80 度の急角度では、上部の壁を押しつける

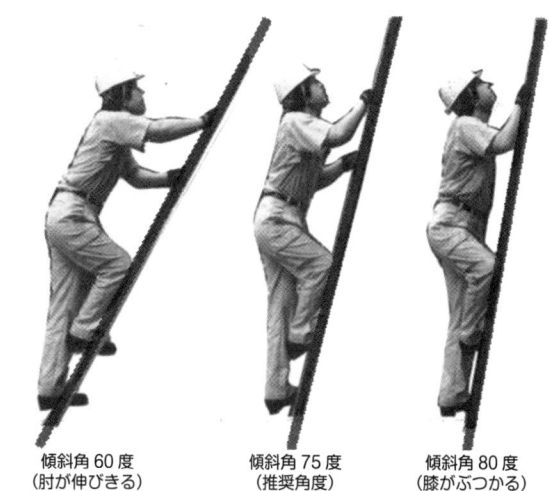

傾斜角 60 度　傾斜角 75 度　傾斜角 80 度
（肘が伸びきる）（推奨角度）（膝がぶつかる）

図 4-15　はしご角度と昇降姿勢

力が小さくなり不安定になりますし、緩やかにするとはしご下端の床面との接触部に大きな水平力が生まれ滑り出します。図4-16のようにはしごから身を乗り出したとたんに、はしご上部が横滑りして墜落し死亡する事故が起きています。アルミ製のはしごの上部を金属製のシャッターボックスに立て掛けて作業していたところ、わずかなはしごの回転力ではしごが横方向に滑り墜落したのです。はしご上部を固定していない場合は、はしごの支柱から体重心点（おおよそ体のへその位置）がはみ出すと、はしごに回転力が働き、はしご上部が滑り出し横転します。

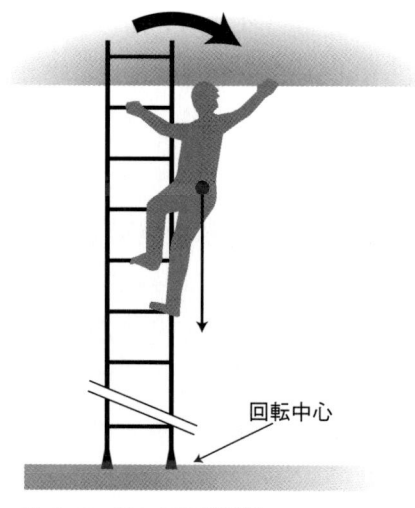

図4-16　はしごの横回転

(2) 垂直固定はしご

　保守点検などのため、垂直固定はしごから墜落するといった災害が起きています。垂直はしごでは、左手と右脚（あるいは右手と左脚）が同時に動いて昇降する対角型と、左手と左足（あるいは右手と右足）を同時に動かす並行型が見られます。熟練になるほど、対角型の昇降になるようです。いずれの昇降方法でも、体重を手の把持力と腕の力で支えております。この時に、ハンマー・ペンチなどの工具類を手に持っていたりすると、把持力が落ちて、踏み桟から手が離れやすくなります。75度の傾斜はしごでは脚で体重を支持でき、手を離しても墜落することはほとんどありませんが、垂直はしごの昇降中の手の滑りは命取りとなるために、傾斜はしごと比較して墜落リスクが非常に大きいのです。手の把持力を最大限に生かすためには、「垂直はしごを昇降中は、手に工具類を持たない」が鉄則です。

(3) 脚立

　脚立の天板（最上段）の上に立って作業して墜落して死亡する事故が数多く発生しています。しかし、危険性を認識していないためか、天板に登って作業をしているのをよく見かけます。幅30cmほどの狭い場所に立っている労働者の体重心点（おおよそ、へその位置）を指で軽く押しただけで、姿勢バランスを崩します。つまり、不意の風、動作の反動、めまいにより姿勢バランスを崩し、天板上から墜落することになります。天板上に登っての作業を行ってはいけません。

7 手すりによる転び防止

(1) 手すりの役割

「手すり」の機能には、墜落・転落を防ぐための「手すり」と、姿勢バランスを取るための手がかりとしての「手すり」があります。前者は手すりに体がぶつかって回転して墜落を防止するために、手すりに強度と必要な高さが必要となります。後者の場合は、握りやすい適正な高さと太さが必要になります。

手すりで体を支える力はわずかですが、立位姿勢を安定させるためには、大きな役割を果たします。図4-17は、手すりのない階段を降りている時に転落して脳挫傷で死亡した事故現場に後から手すりが取り付けられました。もし、手すりがあれば、死亡事故は防げたと思われます。踊り場の支柱の上に手の使用跡が見られます。

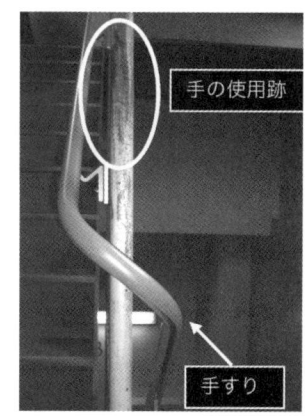

図4-17 手の使用跡と新設した手すり（死亡災害が発生した階段）

階段を降りる時に、手すりに手を添えるだけでも効果があります。エスカレーターでは、ほとんどの人が手すりを利用していません。高齢者は、手すりに手を載せておくだけで、万が一、急停止したり、追越しをする人に押されたりした場合に、転ぶ可能性があります。わずかな支え力であっても、転びを防ぐことができます。つかまる必要はありませんが、手すりのベルトに手を載せるだけでも効果があります。

(2) 手すりの必要な高さ

身長にもよりますが、握りやすい高さは、手すり高が75～85cmの範囲です。労働安全衛生規則が2009年に改正されて、手すり高さ「75cm以上」が「85cm以上」に変更されました（第552条）。75cmは、「体の支え」、「手がかり」としての手すり高さとしては適当ですが、「転落防止」としては、低すぎました。転落防止用の手すり中心高は、身体の重心より必ず高くなければいけません。身長が170cmであれば、少なくとも手すりの中心までの高さは85cm以上が必要となります。特に、階段の手すりは、転落防止用の高い「手すり」が設置されていても、手がかりとしての握りやすい適正な高さの「手すり」が設置されていない箇所が多いのです。

図4-18(a)に示すように、背中から後ろ向きに、手すりにあたる場合は、体が棒状の特性を示します。図4-18(b)のように前向きで手すりにあたる時は、手と腕を伸ばし防御姿勢をとり、また、上半身が前かがみとなるために、身体重心点は低くなります。そのため、手すりが低い場合は、前向きより、背面からあたる場合に、転落するリスクが高くなります。ここで、後ろ向きで、棒状に手すりにあたる最悪な場合を想定

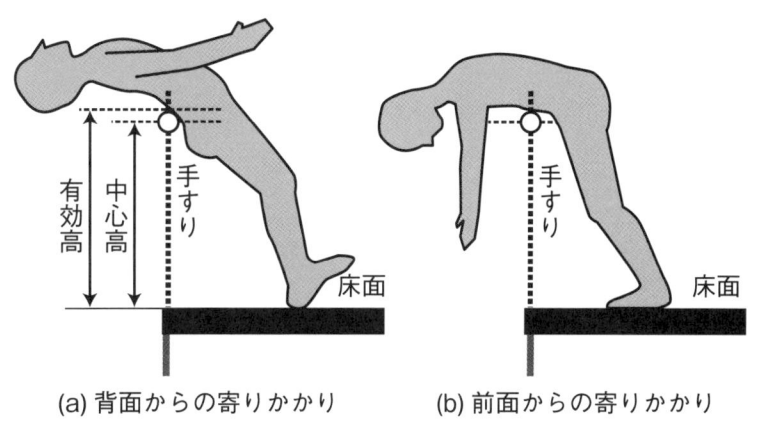

(a) 背面からの寄りかかり　　(b) 前面からの寄りかかり

図4-18 転落を予防するための手すり

して、手すりの有効高 90cm でカバーできる最大身長を概算で求めてみます。手すり中心から手すり上端までの高さを 25mm、靴底を 20mm、重心高を身長の半分と仮定すると、手すりの有効高 90cm で、身長 171cm まで転落を防止できることになります。そこで工場内の機械の上をまたぐ踏切橋の手すりは、「90cm」以上としています（安衛則第 101 条）。

　手すりの有効高 95cm とした場合は、身長 181cm までをカバーできることが可能です。身体重心点は、手を上に上げた姿勢、重量物を肩に載せた姿勢では、高くなります、また、作業中の身体の上下動や、最近の若い人々の平均身長が 170cm 近くまで伸びていることを考慮すると、転び防止用の安全な手すりの有効高は、90cm より 95cm 以上を推奨します。

> **ポイント**
> 転びは約 1 秒前後で発生し、頭蓋骨骨折を引き起こすに十分な打撃速度が生じます。高齢者はとっさに防御姿勢をとることができず、かつ骨密度の衰えにより、転びが重篤化します。

第5章

転びリスクの評価方法

❶ 転びリスクの低減化とその方法

(1) 組織的な取組み

　転び災害が起きてから対応する「待ち」の姿勢から、危険要因を事前に洗い出す「攻め」の姿勢が求められています。事前に、危害要因を洗い出し、予測できる危害（傷害）の大きさと発生可能性からリスクを求め、そのリスクレベルから判断して対策を講じます。各対策に優先度をつけて計画的に実施できる利点があります。そのためには、潜在するリスクを見分けることが必要となります。

　一般にリスク評価は**図 5-1** に示すように、災害が起こる前にリスク要因の洗出し、その危害（傷害）の大きさと起こり得る可能性からリスクを見積もり、リスクレベルを評価判断し、リスク低減対策を講じます。リスクレベルは、通常は危害の大きさと発生頻度の積で表します。考えられる全ての危害について網羅的にチェックしますので、合理的な方法と言えます。参考として、危害の大きさの分類例を**表 5-1** に、発生可能性の分類例を**表 5-2** に示しました。また、リスクレベル例を**表 5-3** に示しました。リスクの大きさに応じてリスク低減化のための改善では、コストがかかる場合は優先順位をつけて順次、計画的に進めることになります。また、改善効果をチェックすることが必要です。**図 5-2** に示した、計画→実行→評価→改善の PDCA サイクルの継続的な改善活動を進めます。

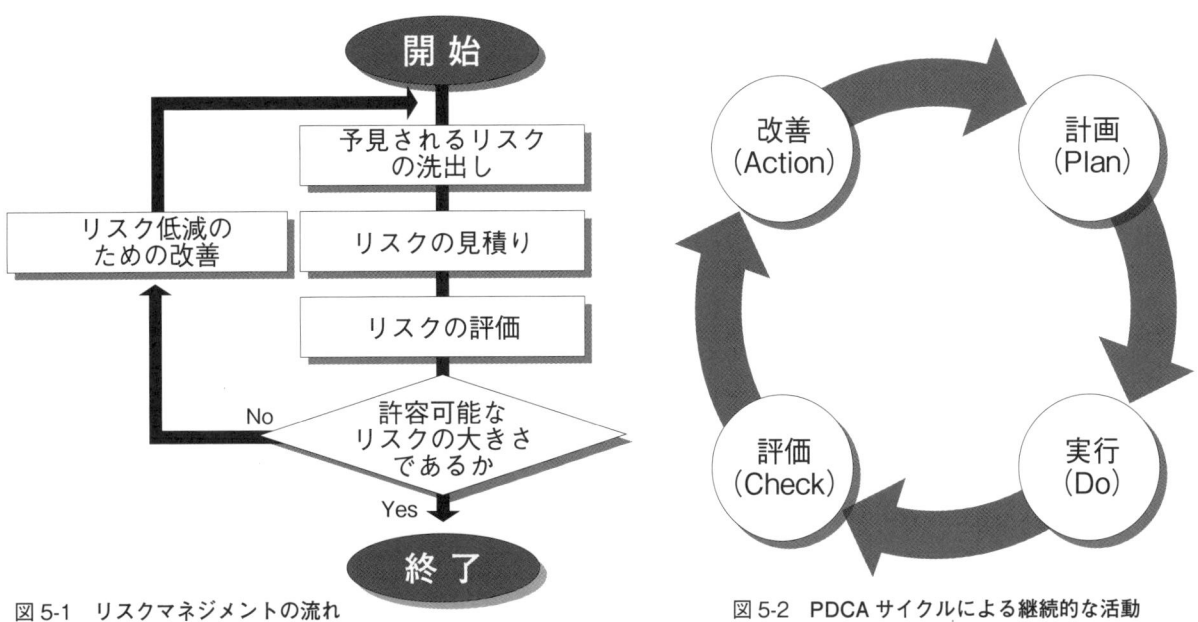

図5-1　リスクマネジメントの流れ　　　　　　　　　　　図5-2　PDCAサイクルによる継続的な活動

表5-1 危害の重大性の分類例

スコア	リスクの程度	内容	入院あるいは休業日数
1	極軽微な危害	軽い打撲、軽微な擦り傷	なし
2	軽微な危害	打撲、切り傷、切創	1から3日
3	中程度の危害	手腕の骨折、切り傷	4日以上1カ月未満
4	高程度の危害	下肢骨折、縫合を伴う切創	1カ月以上3カ月未満
5	重大な危害	死亡、重い後遺症	3カ月以上

表5-2 発生可能性の例

スコア	回数／(週・月・年)
1	1回未満
2	2から5回
3	6から10回
4	11から20回
5	21回以上

表5-3 リスクレベルと対応

区分	リスクレベル	緊急対応レベル
危険性なし	問題とならないささいなリスク	措置を特に取らない
極めて低い危険	現状維持・監視で問題のないリスク	ソフト的な対応でできる場合は、すぐに対応するが、費用と時間がかかる場合は、注意喚起し、現状維持、監視の継続的実施
わずかに危険	順次、実施するレベル	改善に費用と時間を要するため徐々に、段階的に実施
非常に危険	優先的レベル	改善に費用と時間を要するが、優先的に実施
極めて危険	緊急対応レベル	改善措置が完了するまで全ての作業あるいは使用を中止

(2) 危害要因の洗い出し

表2-1（11頁）から計算すると、休業4日以上の転倒災害による死傷者数については約800件、墜落・転落災害による場合は約60件に対して1件の割合で死亡災害が含まれています。このように、転びによる死亡災害がいきなり起きることはまれです。災害発生前に軽重な災害や多くのインシデント（あるいはヒヤリハット）が現れます。大事故の兆候にまったく気づかなかったとしたら、インシデントがささいなこととして扱われ報告されていないか、報告があっても意思決定者に伝わっていないのです。

インシデント情報の収集と分析から、見過ごしていた危害要因を発見し、優先すべき対策を判定することができます。組織内で起きるインシデントをできる限り早くつかみ、リスクレベルが高く緊急を要する場合は素早く対応することが必要です。インシデント情報とアクシデント情報の流れ

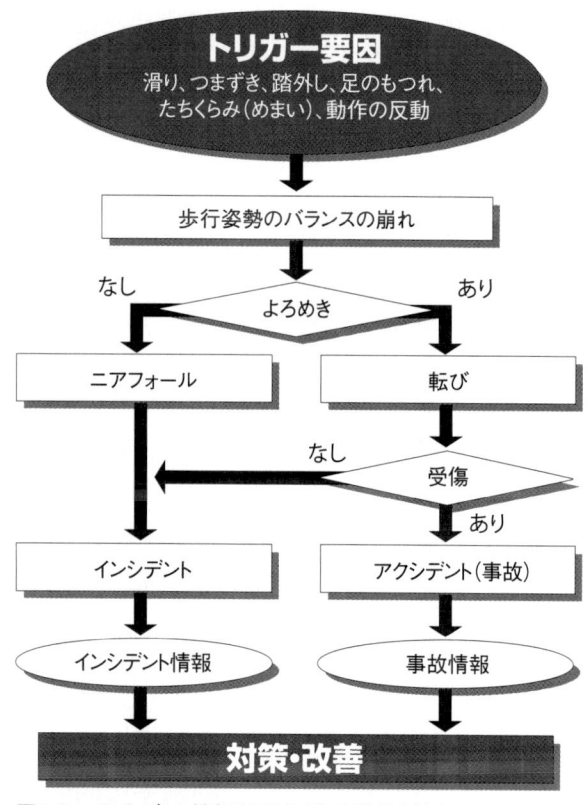

図5-3 インシデント情報とアクシデント情報の流れ

を図5-3に示しました。危害要因の洗出しは、全ての関連する危害要因、労働者の行動、施設の現況、管理の状況などを把握しなければできません。また、インシデントの情報を早くつかみ取るためには、情報の隠蔽が起こらない職場の雰囲気づくり（安全文化）と、災害防止への理解と関係者の協力が必要となります。

（3）転びのリスク特性

「転び」のリスクの低減活動は、各労働者ごとに異なる身体機能との絡みもあり、ハード的対策だけでは、リスクを低減させていくことが難しくなります。工作機械類のリスクマネジメントでは、メーカーが設計段階でさまざまな使用方法を想定してリスク評価を行い、主にハード的な改善によりリスクの低減化が行われます。そこでは、許容できない残存リスクについては、安全教育や関係者以外の使用を禁じるなど対策を取ることができます。すなわち、PDCAサイクルの継続的な改善システムが働き、機械類のリスクの低減化が図られることになります。この場合に、リスク低減化のための対策は、装置の改善、安全装置の取付けなどにより「目に見える形」で蓄積されます。しかし、転びの場合は、人を対象とするために、個別的でかつ不安定な特性を示す、姿勢バランス能力、敏捷性、骨の強度、心因性などの内的要因そして、天候（雪、雨、屋外の明るさなど）により変動します。

転びのリスク低減化のための活動は継続的に実施していかないと、「生き物」のように、どんどん大きくなって、最終的には死亡災害に到ります。

（4）転び災害の要因分類

歩行時に姿勢バランスを崩すきっかけは、「めまい」「滑り」「つまずき」「踏外し」「あおられ」「足のもつれ」「動作の反動」などのトリガー要因です。その他の災害要因には、人間側の特性にかかわる「内的要因」と、人間を取り巻く労働環境・管理側の特性の「外的要因」に大別できます。このどちらかの潜在要因によって姿勢バランスを崩して倒れます。図5-4に示すように、内的要因と外的要因のバランスの上で歩行姿勢の安定を保っています。

（滑り、つまずき、踏外し、足のもつれ、めまい・立ちくらみ、動作の反動、接触して）

図5-4　転び災害要因の説明図

表5-4（次頁）に示すように、「内的要因」は、姿勢バランス保持能力、危険回避能力、視覚能力、歩行状態、服装・履物などがあります。「外的要因」は、通路、階段、段差、照明、手すりなどの材料、寸法、状態などの「歩行環境要因」があります。雨天時の床の濡れ、歩道側の溝蓋の段差、利用者間のルールの不在、高齢者との共生意識の不足などの「社会・管理的要因」があります。さらに、内的、外的の潜在要因のほかに、転び時の負傷を大きくさせる「傷害増幅要因」があります。「傷害増幅要因」は、鋭利な突起、有害な薬液、回転機械装置であり、傷害を増幅させます。身近な例では手にしている熱湯の入った容器、口にくわえた箸などでも傷害を増幅させます。ソファー、じゅうたん、マットの上に転んだ場合はけがをしませんが、階段、窓、脚立から地面へ転べば、落下時の体への衝撃力は高まり傷害はより大きくなります。

表 5-4 リスク要因の分類

区　分		項　目
トリガー要因		滑り、つまずき、踏外し、あおられ、足のもつれ、動作の反動など
潜在要因	内的要因	運動能力・転び回避機能、視機能の衰え、歩行状態、服装・履物、病気、その他
	外的要因	床面の摩擦、床面の凹凸、段差、手すり、照明、通路幅など
	社会・管理的要因	組織的取組み、床面・通路の保守・整理・清掃、高齢者との共生、社会モラルなど
傷害増幅要因	内的傷害増幅要因	身体強度、身体耐性、回避能力（敏捷性）、骨の強度、内臓の耐性など
	外的傷害増幅要因	高さ・速度、衝撃吸収性、危険な物質・突起、回転体、機械、移動体など

❷ 災害要因の詳細

(1) 内的要因

転びを引き起こす最も関連の深いトリガー要因も表中に示しました。さらに内的要因を以下のように分類することができます。

①身体機能の低下要因
・視機能の衰え　　　　　　　　　　・三半規管や耳石器の感度の衰え
・筋肉などによる運動制御能力の衰え　・平衡感覚器の識別能力や反応速度の衰え
・神経や脳の能力の衰え

②視野を妨げる要因
・手荷物（足元への視野が妨げられる）　・二重焦点眼鏡（特に、段差・階段）
・掛け時計やポスターで注意を奪われる　・新聞、メモを読みながらの歩行

③病気
・メニエール病（三半規管、蝸牛内のリンパ水腫）　・脳への血液供給の障害
・てんかん　・多発性硬化症　・糖尿病　・頸部障害　・関節炎　・むち打ち症
・中耳炎　・視覚異常　・小脳、中枢性平衡失調

④治療薬
・鎮痛剤　・避妊薬　・心血管系疾患の治療薬　・糖尿病の治療薬
・パーキンソン病の治療薬　・興奮剤　・鎮静剤　・抗けいれん薬
・抗うつ・その他の治療薬

⑤その他の身体内部要因
・酒酔い　・覚醒剤　・有機溶剤に長期ばく露
・頸部のコリによる脳への血行の悪化　・採血後の貧血
・過労　・睡眠不足　・一時的な精神機能の低下（悩み）

⑥歩行状態
・急ぎ　・駆け出し　・階段の二段跳び　・会話しながらの歩行　・歩行中の携帯電話使用

・混雑のなかで押されて　・歩行中の人あるいは自転車との接触

⑦服装・履物

・服装（きついＧパン、裾の長いズボンなど）　・サイズの合わない履き物

・ヒールの高い不安定な履物　・滑りやすい履物　・非常に滑りにくい履物

(2) 外的要因

労働者が働く工場などの環境要因を評価する必要がありますが、ここでは、共通事項について解説します。

・形状、デザイン（使いやすさ、見やすさ、安全性）

・寸法（手すりの太さ、階段踏面、蹴上寸法など）

・材料（表面形状・模様、摩擦特性）　・段差などの識別（コントラストなど）　・照度

・日変化（昼、夕方、夜）による明るさ　・その他（手すりの有無、天候（雨、雪など））

(3) 社会・管理的要因

社会管理的要因は以下のように分類できます。

a) 管理面

・天候（雨、雪など）の変化　・滑りやすい危険箇所の管理　・通路上の障害物の整理

・床面の凹凸や破損箇所の管理

b) 社会面

・共生（高齢者と若年者の共生意識）

(4) 傷害増幅要因

高齢者の場合は、わずかな転びであっても、骨の強度が衰えているために骨折しやすく、傷害の程度が比較的大きくなります。この傷害増幅要因の大別は、以下のように、内的（身体的）傷害増幅要因と外的（歩行環境）傷害増幅要因に分類できます。

①内的傷害増幅要因

・身体強度（衝撃に対する骨の強度）　・身体耐性（内臓器官の衝撃耐性）

・敏捷性（危険回避能力）

②外的傷害増幅要因

・落下高さ（位置エネルギー）　・床面の衝撃吸収性

・危険物質、回転体、移動体、エッジなどの有無

(5) 変動要因

以下の要因は、その特性が常に変動します。要因の特性変動に対応した柔軟な管理計画と組織的な対策が求められます。安全管理システムの優劣によるリスク評価が求められます。

①外的変動要因

・日変化（照度、輝度）　・天候（雨、雪など）の変化　・手すりなどの脱落　・夜間時の停電

・通路の状態変化（通路の汚れ、水濡れ、障害物、床材のはがれ、材料の摩耗）

②内的変動要因
- ・睡眠不足、過労　・不安定な精神状態（悲しみ、怒り、あせり、悩み）　・治療薬
- ・痛み、体の不調　・歩行状態（いそぎ、よそ見）　・履物の不具合

❸ 転びのリスク

(1) 個人の潜在リスク

　平衡機能、骨密度、視力、血圧、病的めまいなどからおおよそ、潜在する転びのリスクを知ることができます。個人の身体機能の衰えからだけの転びリスクのチェックは十分とは言えません。過去の転び履歴、歩行移動距離、歩行頻度、歩き方の特性、外的要因なども関連してきます。実際には身体機能の衰えのスコア値と転び災害率のエビデンスとは必ずしも一致しないため、幅広いチェックが必要となります。転び災害は個人の身体機能の要因だけではなく多くの要因が絡んでいるためです。労働現場では、高所で作業する労働者、室内事務労働者、脚立・はしごなどを使う労働者、電力検針員のように終日、歩行移動する労働者では、それぞれ転びのリスクは異なってきます。

(2) 移動空間の潜在リスク

　危険な歩行空間として、階段や人の流動が激しい交差部などが考えられます。非常階段などのように、普段はほとんど使用しない通路では、転びリスクは小さくなり、多くの労働者が利用する通路では、わずかな転びの可能性があっても発生頻度は高くリスクは非常に大きくなります。小人数であっても、身体機能の衰えた高齢者などが利用する場合は、施設内での転びリスクは非常に高まります。歩行環境の改善には、通路幅だけでなく、床面の凹凸、床面の傾斜、床面の耐滑性能、障害物、段差、手すり、階段寸法、照明などへの配慮が必要となります。歩行空間の評価では、以下の項目についてチェックをします。

①**利用頻度と利用者の類別**	・利用者数を推定
	・高齢労働者、障害を持った労働者などの身体機能別の利用人数
②**転びで受ける傷害**	・転びにより受ける傷害の内容と大きさ
③**転びの発生頻度**	・各通路での発生頻度
④**混雑度合**	・歩行流動の多い通路での接触災害
⑤**転んだ場合の落下衝撃**	・斜路、階段、脚立、はしごなど
⑥**転んだ場合の衝撃吸収性**	・木製、コンクリート、草地など
⑦**通路上の状況**	・障害物・凹凸、段差、勾配、床面の欠損
⑧**天候の影響**	・雨や雪など

> **ポイント**
> さまざまな要因が絡んだ転びリスクの評価は、ハード面のみでなく、ソフト面からも総合的に評価する必要があります。内在するリスク要因をできるだけ洗い出しましょう。

第6章
転び災害防止のための安全衛生活動のポイント

1 転び災害の防止対策

　転び災害が発生した後の対策は、数カ月で損耗してしまう滑り止めシートの貼付けなど一時的な防滑対策を行います。あるいは、「危ないので注意しましょう」、「滑るので注意しましょう」といったポスターでの注意喚起で終わらせる場合が多いようです。実効のある防止対策のためには、どうして危ないのか、どう対処したら良いのか、どのような防止管理システムを構築したらよいかを具体的に検討しましょう。以下に転び災害が起きやすい状況について列挙します。

a) 歩行状態
- ・降りる時（階段、はしご、スロープ）　・曲がり角、方向転換時での滑り
- ・急いでいる時　・動作、視線の変わり目（入口付近、出口付近、通路交差部）
- ・足元への視線を遮る時（手荷物、服装）　・不安定な履物（ハイヒール・サンダルなど）

b) 通路状況
- ・手すりのない階段　・急で狭い踏み幅の階段　・段差　・電源コード　・敷物、敷居
- ・穴、凹凸、傾斜のある通路　・暗い通路　・雨、雪により滑り特性が急変する箇所
- ・放置自転車、看板、電柱などの障害物　・滑るマンホール　・滑る道路上の白線

c) 管理状態
- ・床面のよごれ　・床面上の水・油　・通路上の障害物　・床、踏面などの摩耗、欠損
- ・追い越し時の接触

　4Sを徹底し歩行路の障害物、こぼれた水の放置、ほこり、ゴミの放置、出入口の備品・機材に注意します。濡れた箇所を放置せざるを得ない場合には、即座に警告の標識スタンドを用いて歩行禁止にすることが必要です。常時、水がこぼれる箇所では、最初から床面を滑りにくくするか、水を吸収するマットなどを敷いて、滑りによる転びを防止します。「非常に危険」と認識するほど慎重に対応し事故の発生率が少なくなります。簡便な脚立作業、作業台などの転びリスクを安易に考えがちになり、事故が起きやすくなります。

2 転び災害発生後の対応

　事故発生後に動揺することなく冷静に的確に対応ができるように、転び災害発生後の対策を事前に検討しておく必要があります。事故現場の調査は事故発生後にできるだけ早く実施することが必要です。基本は、5W1H（when、what、where、who、why、how）です。転んで最初の一撃

を頭部に受けるまでの時間は、わずか1秒以内です。そのため、目撃者がいない場合や、また、被災した本人ですらなぜ転んだのか思い浮かばない場合が多いのです。できる範囲で記録を残すことが必要です。被災者が死亡した場合は、事故状況から事故原因などを類推することになります。

- ・事故発生の日時　・場所　・被災者の年齢　・性別　・負傷の程度　・転び歴
- ・事故発生時の状況　・発生現場の写真　・被災者の行動　・事故後にとった対応（改善）
- ・直接の事故原因

できることなら、被災直前の利用者の心理的状態（焦り、不安、悩み、睡眠、過労他）を知ることが必要です。

転びの事故では、さらに次のことが記録されていると、その後の防止対策に有用です。

a）内的要因
- ・履物（靴底の模様）　・服装　・矯正視力　・つまずき、滑りなどの原因
- ・つまずいたあるいは滑った足の左右差　・階段であれば昇り降りの違い
- ・急いでいたかどうか　・治療薬の使用

b）外的要因
- ・通路幅　・人の流動状況あるいは混雑度合　・階段あるいは段差の高さと踏面寸法
- ・手すりの有無　・手すりの形状、材質、取付け高さ

c）管理的要因
- ・滑った場合は床面の水、ほこり　・床面の欠損、凹凸　・通路の明るさ

実地調査では緊急的調査事項と後日実施可能な調査事項に分けて作業を進めると効率的です。事故現場などを写真に記録しておくことをお薦めします。

❸ 転び災害の防止対策のポイント

(1) 経営者のリーダーシップ

2013年より65歳までの雇用延長が義務となりますが、罰則のない規程とは言え、経営者が率先して高齢労働者の事故防止の意思を労働者に示すことが必要です。今は若くとも、だれしもが歳を重ねて高齢者になります。高齢労働者への対応は、将来の自分の姿を見ることでもあり、他の労働者へ心理的な影響を及ぼします。以下のような効果があります。

- ・労働者が転び災害にも関心を向けるようになる。
- ・他の人がけがをしないようにするために、転びのインシデントを率先して報告するようになる。
- ・高齢労働者との間に信頼感が生まれる。

(2) 労働者の参加と自律的な活動

労働災害防止には、労働者一人ひとりが自律的に活動する必要があります。労働安全衛生法第4条では労働者の協力義務が、同26条では事業者の行う措置に対する遵守義務が定められていますが、労働者が自分のこととして積極的に取り組む姿勢が十分でない場合も見られます。「自分は大丈夫、転ばない」という過信、思い込みがもっとも大きなリスクではないかと思われます。

中央労働災害防止協会が推進する危険予知訓練（KYT）では、こうした労働者一人ひとりが進

める安全活動として、自問自答カードを使ったＫＹＴを取り入れています。

　カードに、作業時に想定される危険のポイントや事故の型を記載し作業開始前に自己チェック（自問自答）します。その日、その作業前に危険を認識し、安全行動を取ることが促されます。転び災害防止のチェック項目を参考に記載します。それぞれの事業場、作業現場、歩行経路等の実態に合わせて項目を工夫してください。

あせり、急ぎないか？	ヨシ！	通路に荷物のはみ出しないか？	ヨシ！
通路段差ないか？	ヨシ！	階段踊り場、設置物ないか？	ヨシ！
床の汚れ、水濡れないか？	ヨシ！	床の斜面（傾き、凸凹）よいか？	ヨシ！
靴底汚れ、濡れないか？	ヨシ！	荷物持ち方、姿勢よいか？	ヨシ！
照明よいか？	ヨシ！	手すり位置よいか？	ヨシ！

(3) 分かりやすい安全指導

　国は「労働安全衛生マネジメントシステムに関する指針」を1999年に発表し、事業所の自主的な安全衛生管理活動を促進してきました。この安全衛生管理手法は、大手企業を除き、今のところ全ての中小企業には定着していないのが実態です。その理由が、カタカナ言葉が多用されていることにあると考えられます。意味が充分に理解されないまま使われていることも少なくありません。この手法を普及させるためには、いきなりカタカナ言葉を使用して、管理手法や考え方を押しつけなるのでなく、従来から用いられている用語で分かりやすい説明が必要です。以下に例をあげます。

外来語	日本語
・リスクマネジメント	→ 危険の先取り対策（その反対が、後追い対策）
・リスク	→ 予測される危険性の大きさ
・ハザード	→ 危険（源）
・PDCAサイクル	→ 繰り返し行う改善活動（計画・実行・評価・改善）
・コンプライアンス	→ 規則・法令を守ること
・セフティカルチャー	→ 安全文化あるいは、危険性を低減化する文化
・リスクコミュニケーション	→ 危険情報の開示と共有
・システミックリスク	→ 組織の管理的な欠陥から生じるリスク

4 ハード的対策によるリスク低減

(1) 手すり

手がかりとしての手すりは、適正な高さと位置だけでなく、握りやすい断面形状であること、視認性が求められます。人間の視覚は、昼光下で赤色を識別しやすいのですが、夕刻の薄暗い頃になると、赤色は黒色に近くなり、青色が比較的に明るく見えてきます。手すりの配色にも視認性の観点からの配慮が必要となります。さまざまな色覚障害でも、一般的に、周辺との対比で黄色系と青色系が比較的に視認しやすくなります。

(2) 床の表面処理加工

滑る床面の表面に凹凸を付ける方法、滑り止め材の入った樹脂を使用した塗床工法、滑り止めシートを貼り付ける方法、薬品で表面処理する方法、滑り止め床料を貼り付ける方法などがあります。一時的に床の滑り止め性能を高めることは簡単ですが、その他に、耐摩耗性、耐水性、耐候性などが要求されます。これらを満たす材料が少ないのです。また、極端に滑りにくいと、つまずき事故を起こします。その場にあった防滑性能のものが必要ですが、そこまでは配慮するデザイナー（設計者）が少ないのです。道路のマンホールのふたには特殊な塗料（エポキシ系塗料）により防滑性能を向上させることが可能です。樹脂を使用する塗床には、油、酸、アルカリ、高温熱風には強いのですが、高温水に弱いといった欠点がある塗床材もあるため、厨房の床には使用できないものあります。大理石床などでは、床に傷つけずに、見かけ上の変化がないようにする方法もありますが、耐久性に劣ります。また、作業現場で多く使用される滑り止めシートの貼付けは、安価な方法ですが、耐久性が劣ります。

(3) 履物

履物が直接原因での転びで最も多いのが、女性のハイヒールによる事故です。次いで、つま先を引っかけてしまう事故です。**図6-1**に示すように、靴の先端の浮上がり（トウスプリング）が必要になります。サンダルやスリッパは凹凸のない平らな床面歩行では大きなリスクはないのですが、足裏と一体でないために、階段歩行、傾斜面歩行、凹凸面歩行には不適当です。**図6-2**に示すように、つま先部が柔軟であることが求められます。歩行中の足先が曲がることにより、スムーズな歩行となります。また、労働者が傾斜面でしゃがんだりする動作もスムーズにすることができます。その他、歩行時の衝撃を吸収するように、踵部の柔軟性が求められます。足先がとがった靴は靴内部の足指の自由な動きを止めてしまい、凹凸面の歩行時には歩行姿勢の安定性を失いやすくなります。

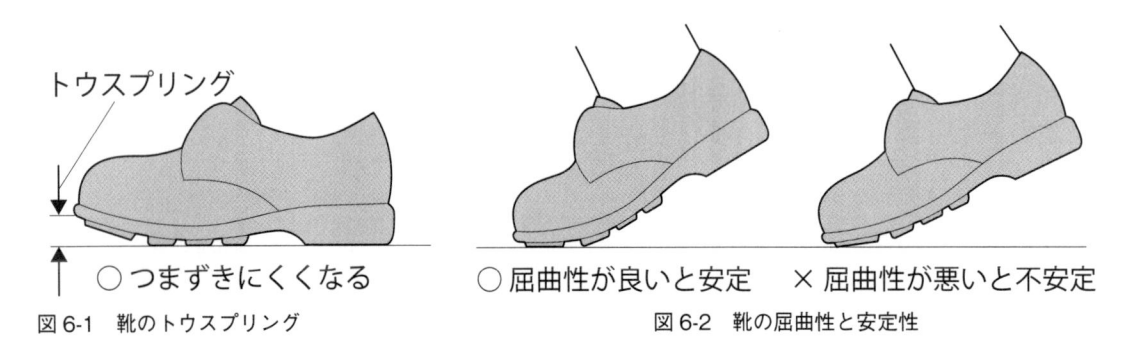

図6-1　靴のトウスプリング　　○つまずきにくくなる

図6-2　靴の屈曲性と安定性　　○屈曲性が良いと安定　　×屈曲性が悪いと不安定

転びのリスクを低減する履物としては以下の要件を満たしていることが必要です。
- **靴先がやや上がっており、摺り足歩行時のつまずきへの対応がなされていること**
- つま先部が曲がること
- 足指先（特に親指）が働き、足先に力を入れて踏ん張れること
- 適度に滑りにくいこと（非常に滑りにくいと、つまずきます）
- 踵部に衝撃吸収性があること
- 履物が足サイズに合って踵部から脱げないこと
- 軽いこと

(4) 踏面先端部の視認性

歩行中は、90％以上は視覚からの情報に頼っています。見誤りは即、踏外し、つまずきに結びつきます。階段などでは、所定の領域に足裏をつける必要があり、目標となる段の先端部の視認性が求められます。夜間でも、踏面先端部が視認できる材料が開発されています（**図 6-3**）。

(5) 踏面の簡便な改修

簡便な改修方法として、滑り止めシート、ゴムマット、高硬度石英板などを貼り付ける方法があります。実際に足を滑らせて死亡した階段を改修するのは時間がかかるために、今ある踏面の上にそのまま先端材付きの踏面材を貼り付ける改修例を**図 6-4** に示しました。図中の左上の踏面は改修前の状態です。金属性の先端材が摩耗して丸くなり滑りやすくなっていました（図 4-14 26 頁参照）。

図 6-3　高輝度発光タイプの蓄光式踏面先端部材

図 6-4　死亡事故発生階段の改修例（左上の図は改修前の踏面）

(6) 安全帽

多くの工場や建設作業場では保護・安全帽の着用が義務付けられています。一般的には飛来落下を目的とした保護帽が多く用いられていますが、転倒災害用との使い分けは行われていないのが実情です。保護帽で転倒などによる頭部への衝撃を全く吸収できないわけではありませんが、衝撃が激しい転落、墜落には万全の対策とはなりません。さらに、保護帽着用の方法に問題のあるケースも見られます。あごひものかけ方が甘い、あるいはかけていない場合には着用の効果が期待できません。また、最近は都市部でも通勤や移動に自転車を利用するケースを見かけます。自転車用ヘルメットの着用を徹底することが重要です。ちなみに、転車用ヘルメットは、JIS 規格により衝撃吸

収性能の試験が義務付けられていますから、選択時には規格番号（JIS-T8134：2007）を確認してください。

5 ソフト的対策によるリスク低減

(1) 高齢労働者の姿勢バランス保持能力のセルフチェック

　平衡機能の簡便な方法は、「閉眼片足立ち検査」です。主に、三半規管系と姿勢制御系の機能を知ることができます。測定値から相当年齢を告げて説明する方法が使われています。試みに転びによる死亡率を当てはめてみました。水平面で滑ったり、転んだりした死亡事故統計を利用して、年齢別の死亡率を算定し、閉眼片足立ち検査時間との対応をとり、**図 6-5** のような評価図を作成しました。

　図中のグラフで上側の高いリスクを示す曲線は、事故死亡率のデータ（床面での転び災害死亡率）が 65 歳から上昇するためです。この原因は、主に骨の劣化による大腿骨頸部の骨折と考えられています。そのため、上側の曲線は骨の劣化を考慮した場合の転びのリスクを表していることになります。

　縦軸は、20 から 24 歳の転び災害死亡率を基準にして、その転びリスクが基準の何倍になっているかを求めた値です。例えば、縦軸の値が「100」とは、20 から 24 歳代の若者と比較して、1 年間に転びで死亡するリスクが「100 倍」であることを意味します。横軸の閉眼片足立ち時間が 90 秒以上になる方は、縦軸の値が「1」になることから、20 から 24 歳の転びリスクと変わらないことになります。おおよその目安として利用してください。

　判定の結果、転び死亡率が 10.0 の労働者は、1 年間に滑ったり、水平面でつまずいたりして転んで死亡する確率が 10 万人に対し 10 人の割合で発生する集団に属していることを意味します。この図はあくまでも目安ですが、ある程度の転びによる危険性をセルフチェックする際に利用することができます。この図から、閉眼片足立ち検査で起立時間が 8 秒未満になると事故率が急激に高まるために、はしご、脚立、高所上での作業は避けたほうがよいことになります。8 秒から 17 秒の範囲内では、要注意となります。12 秒以下で骨の強度が弱っていることを考慮した場合は、高いリスクのグラフを使用します。

図 6-5　閉眼片足立ち時間と転びリスク

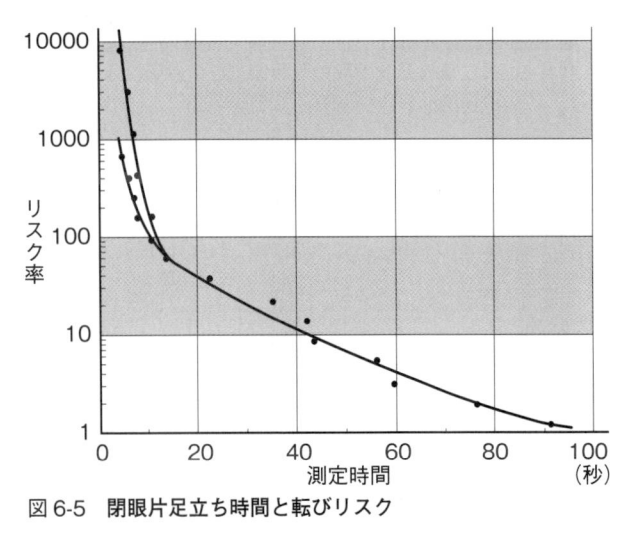

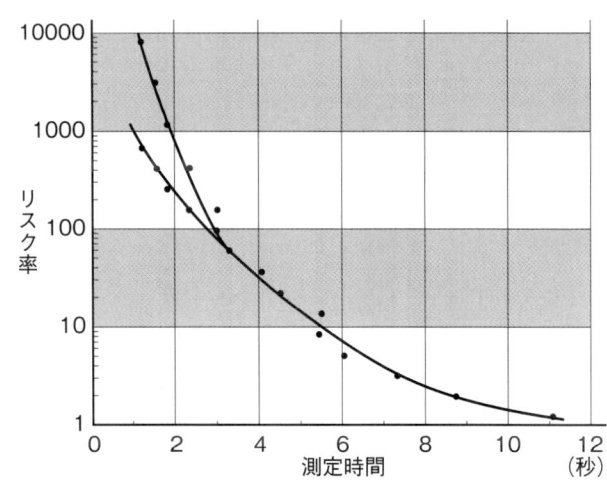

図 6-6　閉眼片足つま先部立ち時間と転びリスク

厳しい高所作業をする労働者のチェックのために、はしご昇降動作を想定して足関節の働きを検査する検査法を考案しました。これは目を閉じて片足でつま先立ちする検査法で台を使って行いますが、2秒以内になると事故率が高まります（**図6-6**）。2.0から3.5秒がやや注意となります。骨強度が衰えている場合は、そのリスクはより高まります。3.0秒以下から2つに分かれるのは、骨の強度が弱っている場合を想定しています。参考に、その他の検査法として、回避運動能力のチェックのためのジャンプステップテストを紹介します。この方法は、**図6-7左**のような、ラインを前後左右にひき、中央の区画に置いた台の上に立ち、台の上を起点として、前、後、左、右の順でジャンプ・ステップを繰り返して、10秒間でステップした回数を数えるものです。10回未満が注意で、10から15回がやや注意となります。

　60歳以上の高齢者と若年者との間に見かけ上の歩行能力の顕著な差は見られません。高齢者の自己申告でも姿勢バランス保持能力の衰えを認めたがりません。しかし、詳しく調べてみると、定常的な作業では問題がないのですが、瞬発的な動きができないのです。

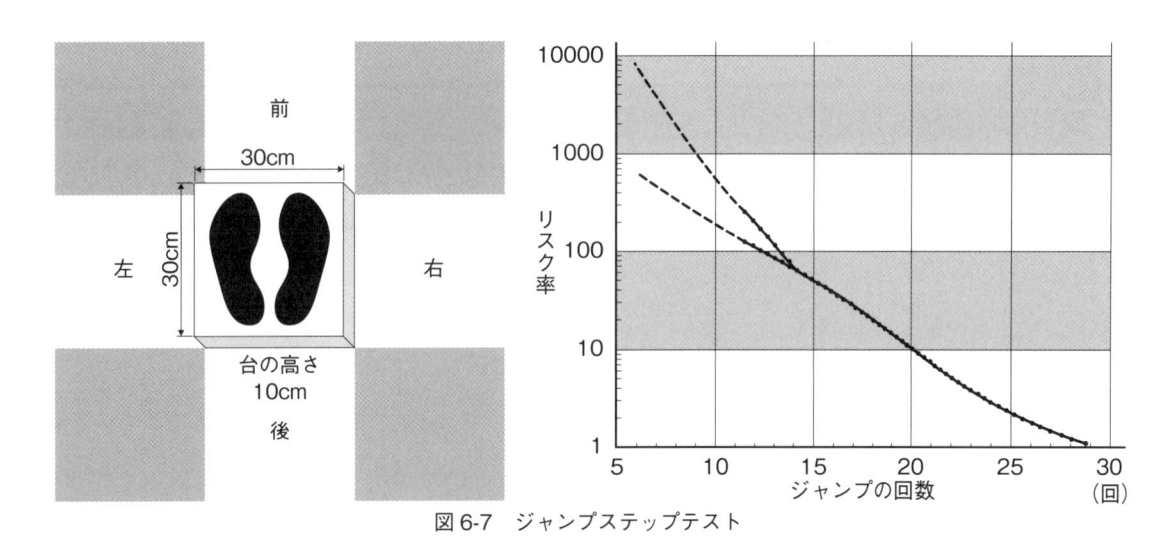

図6-7　ジャンプステップテスト

(2) 日常的な運動などによる転びリスクの低減

　高齢者ほど身体機能の衰えが原因となる転びの発生割合が高まりますので、日頃の運動により転びリスクの低減はある程度は可能です。昭和初期から日本で広く実践されてきたラジオ体操は、上肢、下肢、腰、頸など各部位ごとの運動ですが、転びに対しては各部位の筋肉を同時に働かせる組合せ運動とバランス運動が不可欠です。基本運動には、さまざまな柔軟運動、筋力運動、バランス運動がありますので、それぞれ3種ほど自分に合った運動で無理することなく自由に繰り返して実践することが効果的です。その運動メニューをその日の体調に合わせて自由に変化させるとより効果的です。

　日常生活においても歩行は効果的です。手の振り方なども含めて正しい歩き方があるとする考え方もありますが、転びのリスク低減のためには、型にはまった運動でなく、自由な気持ちでの散歩などを毎日継続して実践することが肝要です。自分にあった歩き方で楽しみながら運動することの方が良い効果が生まれます。一般の高齢者を対象にした転倒予防体操が各地で普及しています。しかし、同じ動きを強いられることから拒絶感を示す高齢者も多くいます。欧米では自分のペースで自由に実践できる太極拳（英語でTai Chi）が広く活用されています。太極拳は転び防止に効果が

あることが報告されています。以下の特徴があります。

- ・ゆっくりした動きである
- ・運動の組合せは、自分の体力に合わせることができる
- ・いつでもどこでもできる
- ・器具など必要としない

　何よりも抗重力筋を使う適度な散歩と軽度な運動で十分です。ヨガ、ストレッチ運動、ラジオ体操、太極拳、リズム体操、球技体操、社交ダンス、踊りなどさまざまありますが、日々使わない筋肉は徐々に衰退することから、いずれの運動であっても、自分にあった運動で継続して運動を行うことが鉄則です。適切な運動負荷量（運動強度、運動時間、運動繰返し回数、運動頻度）で行う必要があります。ただし、運動が逆効果になる場合がありますので、以下を守ることが鉄則です。

- ・人と競わない　・ゆっくり動かす　・無理な運動を行わない　・息を止めない
- ・息づかいが乱れたら休む　・休息日を設ける　・長期にわたり継続して行う

　第8章で詳しく体力づくりやエクササイズの方法を紹介します。

> **ポイント**
> 職場における転び防止ためには、経営者のリーダーシップによる安全対策の推進ももちろんのこと、運動や健康管理など労働者自身の取組みにより、リスクを減らすことが大切です。

第7章
転び災害防止活動の実践

① 転び災害からの教訓

　厚生労働省死傷病報告書や災害調査を通して得た知見を基にして、転び防止のための教訓を**表7-1**にまとめました。

　階段を降りる時、屋根からはしごに乗り移る時に多く災害が起きています。また、多くが急いでいた時です。特に、若い女性労働者がヒールの高い履物を履いている場合に転び災害に遭っています。歩行の向きを変える曲角部で転びが多く起きています。重い物を持って歩行する際はより滑りやすくなります。

表7-1　主な転び災害と教訓

種別	事故の発生時状況	教訓
労働者	・急いでいる時	・急がない、あわてない
	・降りる時（階段・スロープ・はしごなど）	・手すりの設置と利用
	・歩行動作・視線の変わり目	・階段入口・出口付近に注意
	・不安定な履物(ハイヒール、サンダルなど)	・安定した履物を着用
	・足元への視線を遮る状態	・服装、手荷物に注意
	・曲がり動作、方向転換時の滑り	・ゆっくりと方向転換
歩行環境	・わずかな段差	・視認しやすい工夫、段差を傾斜面に改善
	・マットの縁	・縁のまくれ上がりを改善
	・滑り特性が急変する箇所	・床表面の改善、注意喚起のサインなど設置
	・通路上の穴、凹凸	・通路の改善、注意喚起のサインなど設置
	・暗い通路	・照明器具の取付け
	・手すりのない階段	・手すりの取付け
	・通路上の電源コードなど	・整理整頓
	・荷物、在庫製品など狭い通路上に放置	・整理整頓
	・床面上の雨水、粉じん、食品カス	・整理整頓、清掃

② 転び災害を含めた労働安全衛生マネジメントシステムの構築

　職場内の転び災害も組織的に実施する必要があります。リスクの大きさを見積もり、優先順位をつけて改善を着実に実施していく必要があります。床面での転倒より、脚立、はしご、荷台からの

墜落・転落によるリスクが高くなります。しかし、本書を通して学んだように対象を高齢者に絞ると、床面での転びなどでも将来は死亡事故が発生する可能性があり軽視できません。転び災害も組織的な取組みが不可欠です。転び災害防止に限りませんが、災害防止活動を支える長期的な取組みのための枠組みづくりが重要です。

表7-2　転び災害防止のための組織的活動レベルのチェック

No	チェック項目
①	転び災害防止活動への経営者の参画と組織的支援がある。
②	職場内災害防止計画に、転倒、墜落・転落リスク低減が明示されている。
③	転びリスク低減化に向けた目標が設定されている。
④	組織内の活動にPDCAサイクルの仕組みがある。
⑤	転び災害発生後の対応が明文化されている。
⑥	高齢労働者の意見をくみ取る仕組みがある。
⑦	職場内のインシデント、アクシデント報告を活用している。
⑧	専門的な知識を持った安全衛生スタッフが連携して活動している。
⑨	転びリスクの評価活動を行っている。
⑩	高齢労働者自身による体力・健康維持管理など自律的活動を支援している。

❸ 労働者に対する転び災害防止のための安全教育

　自分の体を車に例えると、それを動かすのは自分自身です。交差点で注意するように、転びが起きる可能性の高い危険なポイントでは、急いだり、慌てると事故になります。寝不足、疲れ、悩み、二日酔いで体調を崩している時に、動かすと事故になるリスクが高まります。自分自身の健康管理にも配慮する安全意識の向上が求められます。経営者の災害防止活動への参画は必須ですが、その上で、転び災害がどのようにして起きるのか、そのメカニズムを労働者にも理解してもらうことが必要です。自律的な活動の実践（次章で紹介する身体機能のセルフチェックなど）を通して、身体機能の衰えによる転びリスクに対して理解を深めてもらうことが必要となります。

❹ インシデント報告と注意すべきポイント

　安全衛生管理者がインシデント報告から事前に転び災害への対策を講じることが必要です。そこで、典型的な同一平面上での転び災害を例にして、ポイントを解説いたします。

事例1）　女性25歳、通勤途上の歩道での転び、打撲
　①発生状況：晴れている朝の通勤途上の歩道上で前のめりに転び、手、腕、胸を打撲。
　②対　　策：「急がない」「安定した履物」
　③解　　説：以下の原因が考えられます。
　　・内的要因―「急いでいた」「履物の安定性（ヒールの高さ、靴の摩耗など）」「足のもつれ」
　　・外的要因―「歩道上のわずかな段差・凹凸」「混雑による押され」
　　　遅刻をさけようと「急いでいた」、あるいは「履物の安定性」「服装」が原因となる場合が見受けられます。
　　　転倒災害では、本人の転び防止への自律的な対応も必要となります。少なくとも、ヒールの高い靴、靴底の損耗の激しい靴を履いて通勤することは避けるべきです。

60歳以上の高齢労働者が多く働くビルメンテナンス業などでは転び災害が通勤途上で多く報告されており、労働人口の高齢化により通勤途上での転倒災害の増加が予測されています。この事例では、手、腕、胸で転倒時の衝撃を吸収できたために、重篤な傷害にいたっていません。もし、防御姿勢が取れないと、下肢骨折、頭蓋骨折、肋骨骨折することもあります。

事例2）　男性　63歳　雨天時の夕刻に工場内の出入口付近での転び、打撲
①発生状況：朝から雨が降り、その夕刻に工場内の出入口で、床マットで靴底を拭いたが、床が濡れていたために滑り、尻から転び、臀部打撲。
②対策：床マットの管理、注意喚起スタンドの設置、照明への配慮
　床の濡れを識別できるように照明をより明るくするか、注意喚起用スタンドを設置します。
③解説：当日は朝から雨が降っており、出入口の水を拭き取る床マットが敷いてあったが、夕刻には、床マットが多量の雨水を吸収して効果がなくなり、床が水で濡れていたために、それに気づかなかった高齢労働者が転んだと推察されます。床マットの水分吸収性能には限界があります。大雨の際には水分の吸収効果を確認する必要があります。60歳以上の高齢者は同じ明るさであっても20歳代の労働者と比較すると3倍の明るさが必要となります。若い労働者にとっては明るくても、高齢労働者には暗く見える箇所があります。夕刻で薄暗く床の濡れに気づかなかったと思われます。

事例3）　男性　35歳　工場内床面で転び、打撲
①発生状況：細かい粉じんでうっすらと覆われていた床面で靴が滑り転んで、手、腕を打撲。
②対策：注意喚起スタンドの設置、労働者への事前の喚起、走らない・急がない
③解説：作業内容によって、一時的に細かい粉じんが舞い、それが床表面を覆うことがあります。それに気づかなかった労働者がいつものように歩行して、その作業区間の床面で滑ったと推察されます。場所により床の滑り抵抗が低い箇所もあり、走らない・急がないことが必要です。現在、市販されている安全靴の耐滑性は、水、油で覆われた床面を対象にしていますので、細かい粉や氷結した面には効果があまりありません。

事例4）　女性　40歳　事務所内で転び、打撲
①発生状況：事務所内で書類棚の組立て作業を行っている際に、そばを通った事務員が床面の色とほぼ同じ色のクリーム色のコード上で足を滑らせて転んで、臀部を打ちつけた。
②対策：電源コード上にマットなどを敷く、視認性を高める、注意喚起のスタンドを立てる
③解説：突然の床面上の見分けにくい色のコードに気づくことなく歩行して、断面形状が円形のコードを踏んだ時に、足が滑り転んだものです。人間の特性を理解して色で視認性を高めるなどリスクの先取りをした対策をとる必要があります。床面歩行では、数歩先を見ながら移動しており、足元をいつも見ながら歩行することはありません。そのため、大きな段差や障害物より、むしろ目につきにくい小さな段差、障害物、凹凸で転びやすくなります。そのような箇所に視線を向けさせる工夫が必要です。

❺ まとめ

　労働力の高齢化は確実に進んでいき、それとともに転倒災害件数が今より増加し、さらに重篤度が増すと予測されます。身体機能の衰えが絡むために、歩行環境の改善だけではすべての転倒災害は防げないこと、また、根気よく継続的に取り組む必要があることを理解されたと思います。「転倒災害に対してどのように対策をたててよいか分からない」といった声は、身体機能のメカニズムと転びリスク要因の理解が十分でないだけでなく、安全部門と衛生部門がバラバラに活動していることにも原因があるのではないでしょうか。転び災害防止のためには、歩行環境のハード的対策を主とする安全部門と、労働者へのソフト的な対策を主とする衛生部門の両翼の連携を必要としています。それだけでなく、労働者自身により、加齢による身体機能の衰えに対する自覚と備え（身体機能のセルフチェックと運動）や簡単な転び防止のための知識（事故のメカニズム）を身につけて自律的に取り組むことも必要となっています。さらに、安全活動への高齢労働者の参加や意見のフィードバックの仕組みを構築することが望まれます。

> **ポイント**
> 転び災害の防止には、安全部門と衛生部門が共同で行い、労働者自身も加齢の自覚と備えをもって自立的に取り組みましょう。

第8章
身体的な特性による内的リスク要因の低減

❶ 運動機能の低下による内的リスク要因

(1) 意識なく行われる日頃の身体活動

「座る、立つ、歩く」「機械を操作する」「字を書く」など、日頃行っている動作も、脳神経系、筋骨格系、心臓血管系などの各器官が協同して働いているから意識することもなく行えます。

脚や腕などを曲げたり伸ばしたりするには骨に付着している筋肉が縮まるからであり、骨と骨の結合部には関節があるので円滑に動かすことができます。また、機敏に身をこなしたりすることができるのは、目や耳などの感覚器から入った情報を脳や脊髄で感知し処理して、それを瞬時に判断して電気信号として筋肉に送られるからです。また、動き続けるのに必要なエネルギー源と酸素は、心臓・肺・血管を通して運ばれる血液を介して筋肉に送られることになります。これら一連の働きがいかに大事であるかということは、どれか一つでも機能に支障が生じたり失ったりした時に初めて気づかされることになります。

(2) 高年齢労働者の身体特性に応じた課題

身体活動に必要なこれらの機能は青年期まで成長して能力は向上しますが、やがてピークを迎え、その後は加齢とともに徐々に低下していきます。加齢により低下する機能には、身体活動に関する機能のほかに視力やバランス感覚などの感覚機能、風邪や熱中症など寒暖の差などの環境変化に対応する適応力、注意力や集中維持力などがあります。

このような機能低下に対しては施設・設備を改善して補うことが必要であることは言うまでもありませんが、機能低下は多様であり、個人差もあります。そして機能の低下は自覚することもなく徐々に進行するため、日常生活や行動上に支障が出るまで放置してしまい、未然に防ぐよう意識するのが難しいという問題もあります。

そこで、自らの身体機能の変化に気づくよう「セルフチェック」形式で行う手法として、厚生労働省は平成21年度に「高年齢労働者の身体的特性の変化による災害リスク低減推進の手法等の検討」を中央労働災害防止協会に委託して調査検討を行いました。その結果、転倒などのリスク評価として身体機能を直接計測する方法と、一方で質問票を用いて、転倒等のリスクに大きく影響を及ぼすと考えられる「身体機能に対する自己認識」、「安全行動に対する意識」、「その他の転倒等リスク」を把握する方法がまとめられました。

(3) 自らの主観的な身体機能低下を客観的に把握する方法

まずは自分の身体機能に対する意識について、質問票（以下、「意識調査」という）に回答します。次に5種類の身体機能計測を行います（以下、「身体機能計測」という）。

身体機能計測は、対象となる年齢層、評価判定を行うための基準値の設定、実施する上での安全性、容易かつ確実な測定方法などから、次の①〜⑤の項目を行います（（ ）内は主な計測対象の体力要素を示す）。

　①2ステップテスト（歩行能力を含む筋力）
　②座位ステッピングテスト（敏捷性）
　③ファンクショナルリーチ（動的バランス）
　④閉眼片足立ち（神経系を主とした静的バランス）
　⑤開眼片足立ち（視覚系を主とした静的バランス）

意識調査の回答結果と身体機能計測は、それぞれ評価値に換算して一つのレーダーチャートに示します。これにより主観的な身体機能に対する意識評価と客観的評価の「ズレ」が認識しやすくなり、労働災害のリスクへの行動上での注意を促すことができます。

(4) 身体機能の低下は高年齢労働者に限らない

身体機能の低下は高年齢労働者に限られているわけではありません。図8-1は、1日に行う運動・スポーツの実施時間と新体力テストの合計点との関係を各年代ごとに示しています。この結果から、1日の運動・スポーツの実施時間が長いほど体力水準が高く、「30分以上」行う群と「30分未満」しか行わない群との間には明確な差があり、男女ともに生涯にわたって体力を高い水準に保つためには運動・スポーツの実施は重要な要因の一つであるということが言えます。

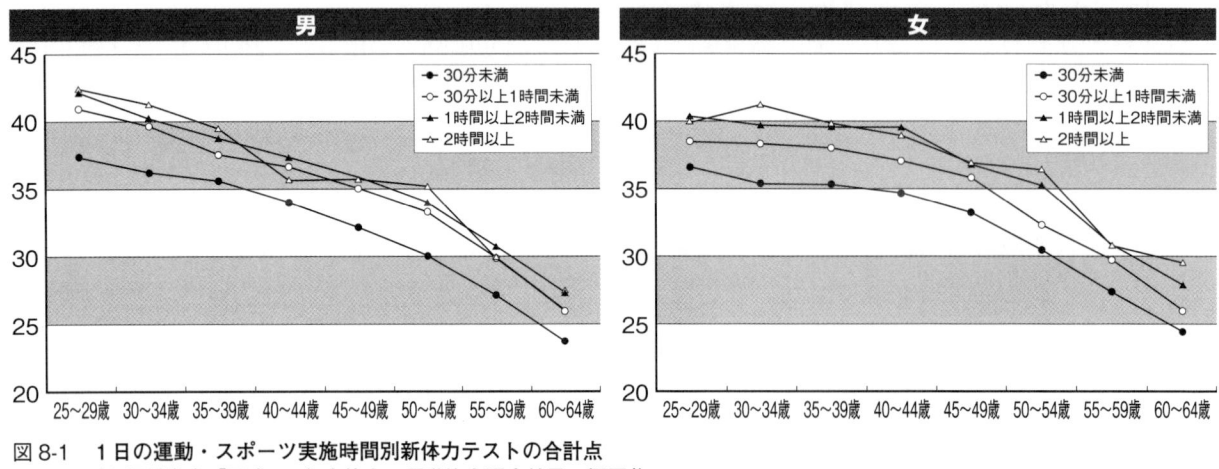

図 8-1　1日の運動・スポーツ実施時間別新体力テストの合計点
　　　　（文部科学省「平成21年度体力・運動能力調査結果の概要」）

加齢に伴う心身機能の低下を改善し維持することは容易なことではなく、長期にわたっての取組みが必要になります。それだけに身体機能の低下を抑制する取組みとして「運動実践」をできる限り早く、若いうちに行うことが望ましく、年齢を問わず今からでも取り組むことが望まれます。

2 転倒等災害リスク評価セルフチェック

(1) はじめに

それでは、前記の報告書により作成した、転倒等災害リスク評価セルフチェックの内容を紹介していきます。このチェックは、特別な器具なども必要なく、職場の会議室などのちょっとした空きスペース（たたみ2畳分程度）を利用して、1人あたり15～20分程度の時間で行うことができます。

1 2ステップテスト（歩行能力・筋力）
最大2歩幅でどのくらい進みますか

2 座位ステッピングテスト（敏捷性）
20秒間で何回開閉できますか
開閉の繰り返し

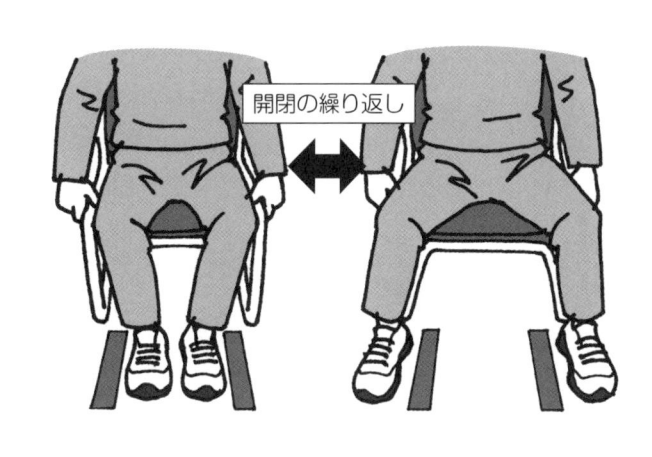

3 ファンクショナルリーチ（動的バランス）
水平にどのくらい腕を伸ばせると思いますか

4 閉眼片足立ち 目を閉じて片足でどのくらい立てますか
5 開眼片足立ち 目を開いて片足でどのくらい立てますか
（静的バランス）

これらは、歩行能力やバランス能力を確認する計測方法です。どのくらいできると思いますか？

(2) 身体機能計測の方法

1 2ステップテスト（歩行能力・筋力）

歩行能力・下肢筋力を把握するため、バランスを崩さずに実施可能な最大2歩幅を測定します。滑りにくい場所で、滑りにくい靴等で測定してください。

事前準備：計算用の電卓とメジャー、養生テープを用意します。滑りにくい床に養生テープ等でスタートラインを引きます。そして、歩く方向の目安のためスタートラインから直角に4m程ラインを引きます。1mごとに印をつけておくと計測しやすくなりますが、床面へのテープの接着が悪い場合は省略します。

図① 　　　図② 　　　図③ 　　　図④

㋐ 両足のつま先をスタートラインにそろえて立ちます。（図①）
㋑ 反動をつけずに可能な限り大股で2歩歩き、2歩目の位置に両足をそろえて立ち止まります。左右どちらから始めてもかまいませんが2回とも同じ足からスタートします。（図②〜④）
㋒ 測定幅はスタートラインから最終位置（2歩目）のつま先までの距離をcm単位で測定します。mm単位は四捨五入します。（図④）
㋓ 2回測定し、セルフチェック票に良い方の測定距離(cm)を記入し、さらに、身長(cm)で割った数値を記入します。（小数点第3位以下を四捨五入）
㋔ 評価表を確認し、評価結果を記入します。

測定前に確認する事項

・必ず**滑りにくい床**で実施してください。
・バランスを崩し転倒することがありますので、**周りに物を置かないで**ください。
・バランスを崩して手を突いた場合、ジャンプした場合、足を引きずって立ち上がった場合はやり直しとします。

2 座位ステッピングテスト（敏捷性）

下肢の敏捷性を測るため、どのくらい素早く足を動かせるか測定します。

事前準備：椅子（座面の高さが 40cm 程度）とタイマーを用意します（椅子は、背もたれがある椅子とし、回転椅子は不可とします）。椅子の中央を中心に、足元に 30cm 幅のラインを引きます。

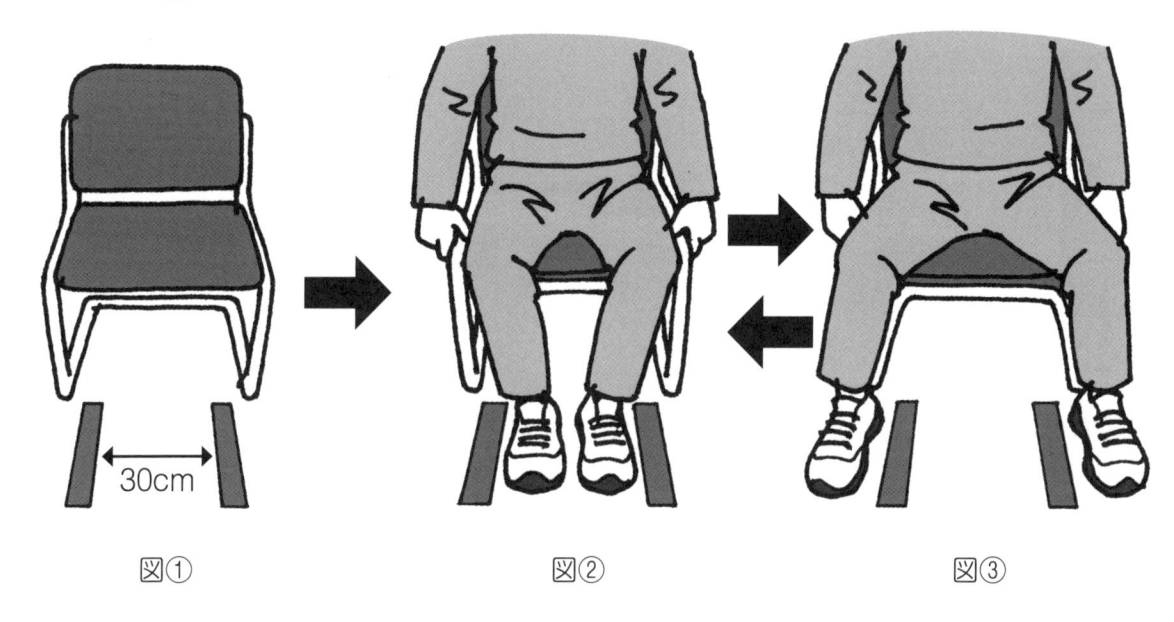

図① 　　　　図② 　　　　図③

㋐　椅子に浅く座り、両手で座面を握りからだを安定させます。（**図②**）

㋑　両足を2本のライン（30cm 幅）の内側におきます。（**図②**）

㋒　「始め」の合図で、つま先をラインの外側の床に触れ、内側の床に触れ・・・をできるだけ早く繰り返します。（**図②、③**）

㋓　練習（5秒程度）の実施後、足を内側（**図②**）の位置に戻し、20秒間で何回内側に両足のつま先をついたかを数えます。

㋔　回数をセルフチェック票に記入し、評価結果を算出します。

測定前に確認する事項
・椅子がずれないように注意してください。
・ラインを踏んだり、足を擦って移動した場合、つま先が床にタッチしない場合はカウントしません。

3 ファンクショナルリーチ（動的バランス）

動的バランス能力の測定のため、バランスを崩さずにどのくらいからだを傾斜できるか測定します。

事前準備：ホワイトボード(磁石のつく棚等で代用可)、目盛付き磁石を用意します。

図①　図②　図③

㋐　壁に対して横向きに立ち、両足を軽く開き、両腕を肩の高さ(90度)まで持ち上げます。(**図①**)
㋑　測定者はその状態(**図①**)の指先を0cmとし目盛付き磁石を水平に設置します。左右どちらの腕で測定してもかまいません。(**図②**)
㋒　足を動かさずに、指先の高さを維持したまま目盛付き磁石にそって、できるだけ前に両手をゆっくり伸ばします（つま先立ち可）。測定者はバランスを保持できる地点までの指先の距離をcm単位で測定します。(**図③**)
㋓　ゆっくりと開始姿勢に戻ります（壁に寄りかかる、からだをねじり片腕だけを伸ばす、前に踏み出す等は、再度測定を行います）。
㋔　2回測定し、良い方の計測結果をセルフチェック票に記入し、評価結果を算出します。

測定前に確認する事項
・バランスを崩した際に、**ホワイトボード等の脚につまずかないよう注意してください。**
・上体をねじり、測定する片腕だけが前に出ないよう注意してください。

4 閉眼片足立ち 目を閉じて片足でどのくらい立てますか （静的バランス）

　静的バランス能力を測るため、目を閉じた状態で片足立ちになり、どのくらい立てるか時間を測定します。

事前準備：ストップウォッチを用意します。静かな場所で、振動や話し声がない場所で実施します。

図①　　　　　　　　　図②（片足を上げる）　　　　　　　　　図③（目を閉じる）

㋐　測定終了の条件※（目を開く、両足が地面につく等）をあらかじめ伝えます。
㋑　靴を脱いで、基本姿勢（**図①**）から片足を上げます。（手は腰でも、広げても可）（**図②**）
㋒　被検者のタイミングで目を閉じ、スタートします。（**図③**）
㋓　そのままの姿勢でできるだけ長時間立位を保ち、その最大保持時間を秒単位で小数点第1位まで計ります。（小数点第2位以下は切捨て）
㋔　2回実施し、良い方の計測結果をセルフチェック票に記入し、評価結果を算出します。

※測定終了条件：目を開く、上げている足が支持足または床につく、支持足が移動する、これらに一つでも該当した時点で終了とします。

測定前に確認する事項

・測定終了の条件※をあらかじめ伝えます。
・バランスを崩すこともありますので、**周囲に物を置かず**、補助者が立ち会い実施してください。
・2回測定し、良い方の値を測定値とします。2回目の支持足は同じでも変えてもかまいません。
・2分になった時点で測定を終了し、2回目を省略します。

---

5 開眼片足立ち 目を開いて片足でどのくらい立てますか （静的バランス）

　両手を腰に置き、目は開けたままスタートします。そのほかは、「**4　閉眼片足立ち**」と同様の手順で行いますが、開眼片足立ちでは、測定終了条件※に加え、腰から手が離れても終了とします。また、3分になった時点で測定を終了し、2回目を省略します。

転倒等リスク評価セルフチェック票

I 身体機能計測結果

① 2ステップテスト（歩行能力・筋力）

あなたの結果は _____ cm ／ _____ cm（身長）＝ _____

下の表に当てはめると → 評価 _____

評価表	1	2	3	4	5
結果／身長	～1.24	1.25～1.38	1.39～1.46	1.47～1.65	1.66～

② 座位ステッピングテスト（敏捷性）

あなたの結果は _____ 回／20秒

下の表に当てはめると → 評価 _____

評価表	1	2	3	4	5
（回）	～24回	25～28回	29～43回	44～47回	48回～

③ ファンクショナルリーチ（動的バランス）

あなたの結果は _____ cm

下の表に当てはめると → 評価 _____

評価表	1	2	3	4	5
（cm）	～19cm	20～29cm	30～35cm	36～39cm	40cm～

④ 閉眼片足立ち（静的バランス）

あなたの結果は _____ 秒

下の表に当てはめると → 評価 _____

評価表	1	2	3	4	5
（秒）	～7秒	7.1～17秒	17.1～55秒	55.1～90秒	90.1秒～

⑤ 開眼片足立ち（静的バランス）

あなたの結果は _____ 秒

下の表に当てはめると → 評価 _____

評価表	1	2	3	4	5
（秒）	～15秒	15.1～30秒	30.1～84秒	84.1～120秒	120.1秒～

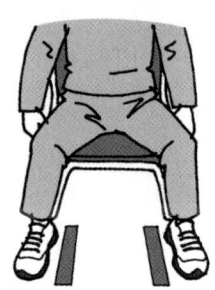

身体機能計測の評価数字を58頁のレーダーチャートに黒字で記入

Ⅱ 質問票（身体的特性）

	質問内容		あなたの回答NOは		合算点数		評価	評価
1	人ごみの中、正面から来る人にぶつからず、よけて歩けますか	→		↘	点	下記の評価表であなたの評価は		① 歩行能力 筋力
2	同年代に比べて体力に自信はありますか	→		↗				
3	突発的な事態に対する体の反応は素早いと思いますか	→		↘	点			② 敏捷性
4	歩行中、小さい段差に足を引っかけたとき、すぐに次の足が出ると思いますか	→		↗				
5	片足で立ったまま靴下を履くことができると思いますか	→		↘	点			③ 動的バランス
6	一直線に引いたラインの上を、継ぎ足歩行で簡単に歩くことができると思いますか	→		↗				
7	目を閉じて片足でどのくらい立つ自信がありますか	→		→		下記の評価表であなたの評価は		④ 静的バランス（閉眼）
8	電車に乗って、つり革につかまらずどのくらい立っていられると思いますか	→		↘	点			⑤ 静的バランス（開眼）
9	目を開けて片足でどのくらい立つ自信がありますか	→		↗				

↓ 回答Noを選んで記入

1	①自信がない　②あまり自信がない　③人並み程度　④少し自信がある　⑤自信がある
2	①自信がない　②あまり自信がない　③人並み程度　④少し自信がある　⑤自信がある
3	①素早くないと思う　②あまり素早くないと思う　③普通　④やや素早いと思う　⑤素早いと思う
4	①自信がない　②あまり自信がない　③少し自信がある　④かなり自信がある　⑤とても自信がある
5	①できないと思う　②最近やってないができないと思う　③最近やってないが何回かに1回はできると思う　④最近やってないができると思う　⑤できると思う
6	①継ぎ足歩行ができない　②継ぎ足歩行はできるがラインからずれる　③ゆっくりであればできる　④普通にできる　⑤簡単にできる
7	①10秒以内　②20秒程度　③40秒程度　④1分程度　⑤それ以上
8	①10秒以内　②30秒程度　③1分程度　④2分程度　⑤3分以上
9	①15秒以内　②30秒程度　③1分程度　④1分30秒程度　⑤2分以上

合算点数	2〜3	4〜5	6〜7	8〜9	10
評価表	1	2	3	4	5

質問表の評価数字を58頁のレーダーチャートに赤字で記入

Ⅲ レーダーチャート

56、57ページの評価結果を転記し線で結びます。
（Ⅰの身体機能計測結果を黒字、Ⅱの質問票(身体的特性)は赤字で記入）

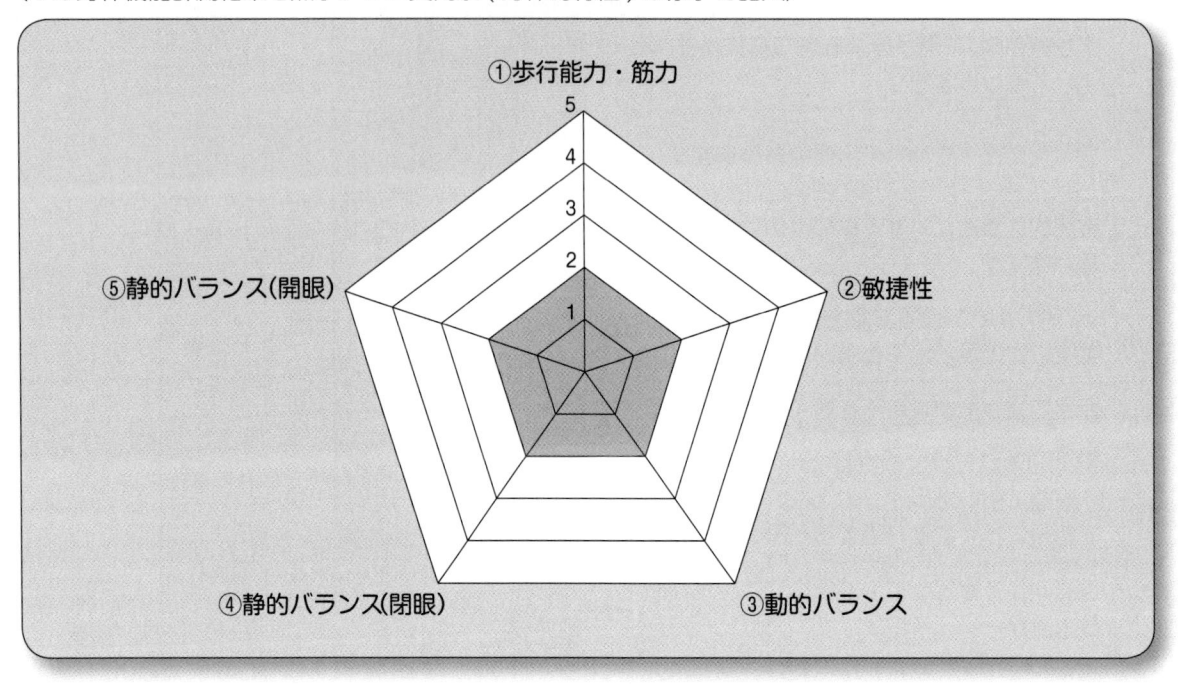

```
        ①歩行能力・筋力
              5
              4
              3
              2
⑤静的バランス(開眼)    ②敏捷性
              1


 ④静的バランス(閉眼)   ③動的バランス
```

チェック項目

① **身体機能計測の大きさをチェック**
　身体機能計測結果を示しています。黒枠の大きさが大きい方が、転倒等の災害リスクが低いといえます。黒枠が小さい、特に2以下の数値がある場合は、その項目での転倒等のリスクが高く注意が必要といえます。

② **身体機能に対する意識の大きさをチェック**
　身体機能に対する自己認識を示しています。実際の身体機能と意識が近いほど、自らの身体能力を的確に把握しているといえます。

③ **①と②の大きさをチェック**
（1）「① ≧ ②」の場合
　　それぞれの枠の大きさを比較し、黒枠が大きいもしくは同じ大きさの場合は、身体機能レベルを自分で把握しており、とっさの行動を起こした際に、からだが思いどおりに反応すると考えられます。
（2）「① ＜ ②」の場合
　　それぞれの枠の大きさを比較し、赤枠が大きい場合は、身体機能が自分で考えている以上に衰えている状態です。とっさの行動を起こした際など、からだが思いどおりに反応しない場合があります。枠の大きさの差が大きいほど、実際の身体機能と意識の差が大きいことになり、より注意が必要といえます。

> あなたのレーダーチャートはどんな特徴がありましたか？　右ページにレーダーチャートの典型的なパターンとアドバイスコメントを示しています。
> 転倒等は、筋力、バランス能力、敏捷性の低下等により起きやすくなると考えられます。
> 転倒や転落等の災害リスクに重点を置き、それらに関連する身体機能および身体機能に対する認識等から自らの転倒等の災害リスクを認識し、労働災害の防止に役立てましょう。

パターン1　身体機能計測結果　＞　質問票回答結果

　あなたの身体機能（太線）は、自己認識（点線）よりも高い状態にあります。このことから、比較的自分の体力について慎重に評価する傾向にあるといえます。生活習慣や加齢により急激に能力が下がる項目もありますので、今後も過信することなく、体力の維持向上に努めましょう。

　一方、太線が点線より大きくても全体的に枠が小さい場合（特に2以下）は、すでに身体機能面で転倒等のリスクが高いといえます。筋力やバランス能力の向上、整理整頓や転倒・転落しやすい箇所の削減に努めてください。

　また、職場の整理整頓がなされていない場合などには転倒等リスクが高まることがありますので注意しましょう。

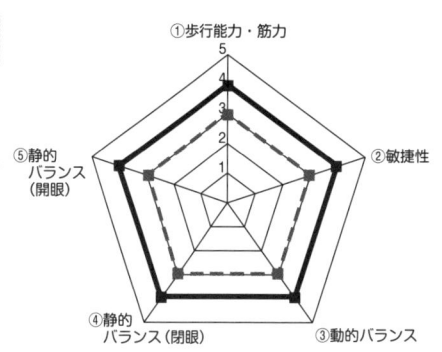

パターン2　身体機能計測結果　＜　質問票回答結果

　あなたの身体機能（太線）は、自己認識（点線）よりも低い状態にあります。このことから、実際よりも自分の体力を高く評価している傾向にあり、自分で考えている以上にからだが反応していない場合があります。

　体力の維持向上を図り、自己認識まで体力を向上させる一方、体力等の衰えによる転倒等のリスクがあることを認識してください。日頃から、急な動作を避け、足元や周辺の安全を確認しながら行動するようにしましょう。

　また、枠の大きさが異なるほど、身体機能と自己認識の差が大きいことを示しており、さらに、太線が小さい場合（特に2以下）はすでに身体機能面で転倒等のリスクが高いことが考えられます。筋力やバランス能力等の向上に努めてください。

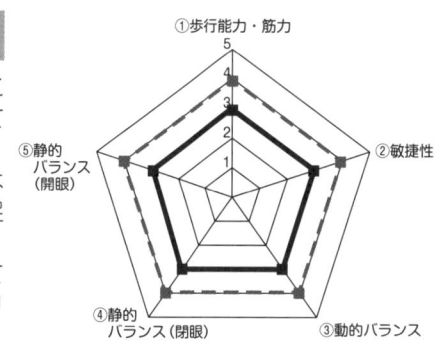

パターン3　身体機能計測結果　≒　質問票回答結果（枠が大きい）

　あなたの身体機能（太線）とそれに対する自己認識（点線）は同じくらいで、どちらも高い傾向にあります。このことから、転倒等リスクから見た身体機能は現時点で問題はなく、同様に自分でもそれを認識しているといえます。

　現在は良い状態にありますが、加齢や生活習慣の変化により身体能力が急激に低下し、転倒等リスクが高まる場合もありますので、日頃から、転倒等に対するリスクを認識するとともに、引き続き体力の維持向上に努めてください。

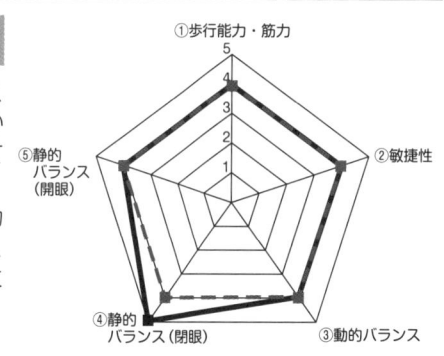

パターン4　身体機能計測結果　≒　質問票回答結果（枠が小さい）

　あなたの身体機能（太線）とそれに対する自己認識（点線）は同じくらいで、身体機能と認識の差は小さいですが、身体機能・認識とも低い傾向にあります（特に2以下）。

　このことから、転倒等リスクから見て身体機能に不安を持っており、そのことを自分でも認識しているといえます。日頃から、体力の向上等により身体面での転倒等のリスクを減らし、全体的に枠が大きくなるように努めてください。

　また、すぐに転倒リスクを減らすため、職場の整理整頓や転倒・転落しやすい箇所の改善等を行ってください。

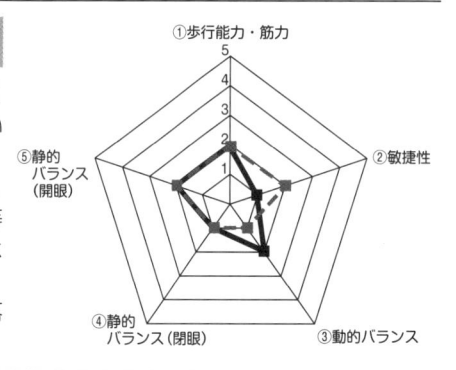

パターン5　項目により逆転している

　あなたは、計測項目によって、身体機能（太線）の方が高い場合と自己認識（点線）の方が高い場合が混在しています。

　このことから、それぞれの体力要素について、実際より高く自己評価している場合と慎重に評価している場合があるといえます。

　転倒等リスクから見た場合、特に自己認識に比べ、身体機能が低い項目（太線が小さい項目）が問題となります。身体機能の向上により太線の方が大きくなるよう努めてください。

　また、身体機能と認識にばらつきがあるため、思わぬところで転倒や転落する可能性がありますので、転倒・転落しやすい箇所の改善等を行ってください。

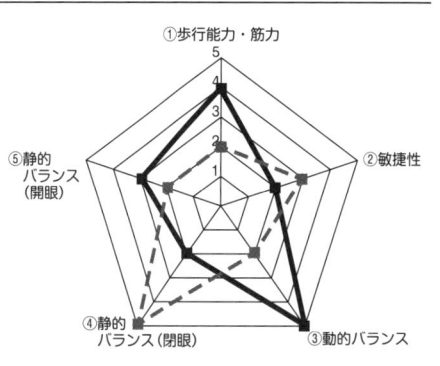

3 運動機能低下を防ぐためのエクササイズ①

（からだをほぐすストレッチング：柔軟運動）

　腰や背中、脚の筋肉をほぐすことで、筋肉の柔軟性を向上させ、「転倒」「墜落・転落」の災害を防ぐことが必要になります。そこで、運動機能の低下を防ぐために、職場や日常生活のなかでできるストレッチング等を紹介します。これらは、筋肉・関節を伸ばす運動で、準備運動、整理運動に向いています。けが防止、疲労回復、肩こり、腰痛などに効果的です。自分の体調や環境に応じて3～4種類選び、エクササイズ（筋力運動）(65ページ参照)と組み合わせて実施しましょう。

ストレッチングのポイント

- はずみをつけずにゆっくり伸ばす
- 痛みを感じるところまで伸ばさない
- 伸ばしている部位に意識を向ける
- 10～30秒間保持し、2回ずつ行う
- 呼吸は止めずに自然に行う
- 笑顔で行う

脚の後ろ
足を前後に開き、両手を前足の上に置いて、後ろ足の膝を曲げる。

ふとももの前
片手で壁などにつかまり、もう一方の手は足の甲を持ち、かかとをお尻につけるようにする。

ふくらはぎ
足を前後に開き、両手で壁を軽く押しながら、後ろ足のかかとを床に押しつける。

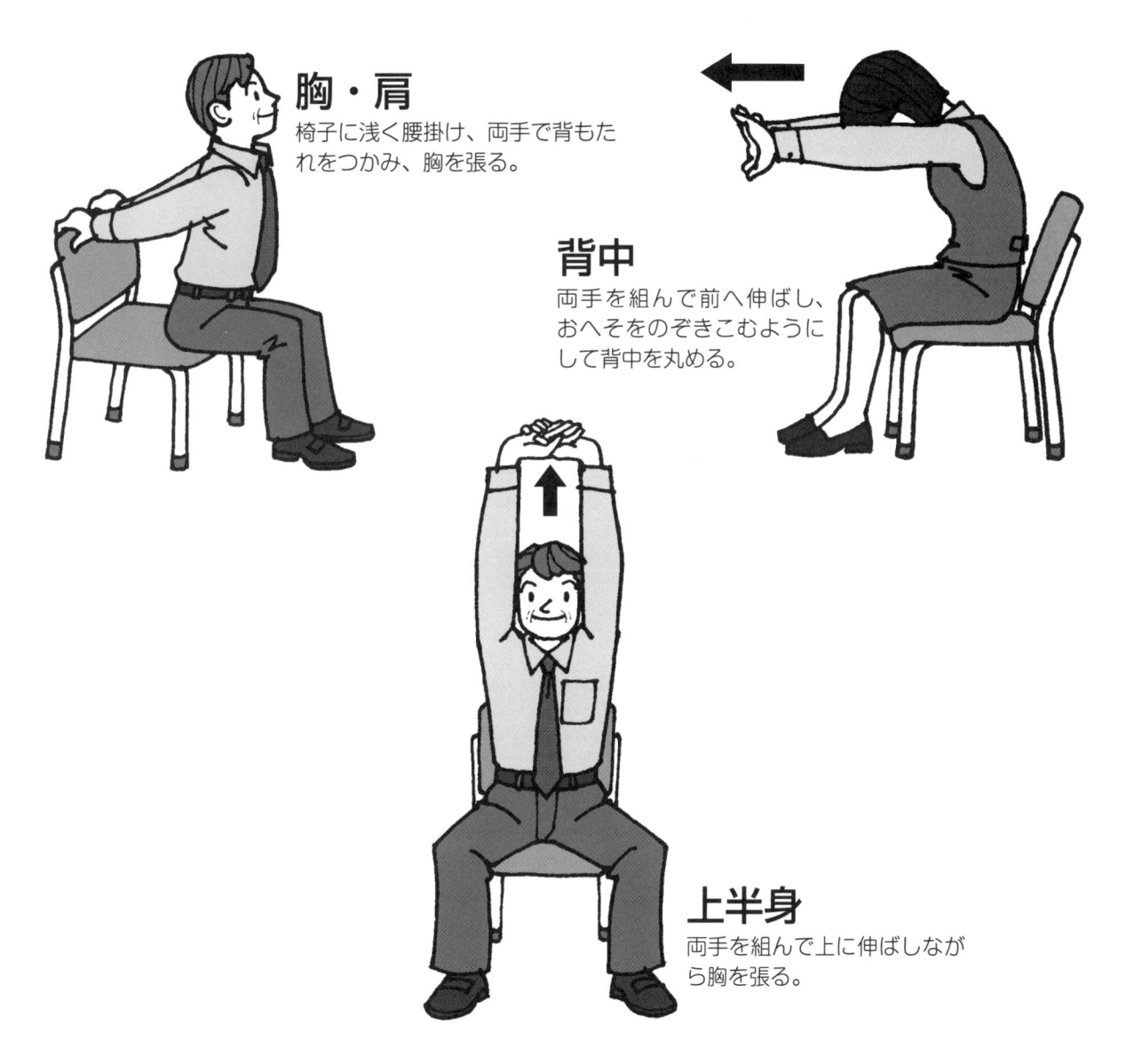

胸・肩
椅子に浅く腰掛け、両手で背もたれをつかみ、胸を張る。

背中
両手を組んで前へ伸ばし、おへそをのぞきこむようにして背中を丸める。

上半身
両手を組んで上に伸ばしながら胸を張る。

屋内で行うストレッチング

　事務所にある机、ロッカー、椅子などをストレッチングの補助道具として利用します。なお、最近はキャスター付きの椅子や腰を下ろす部分が回転する椅子が多く利用されていますが、これらの椅子は転倒の危険があります。利用を控え、背もたれのあるできるだけ安定したデザインを選びましょう。

　なお、実施する際は、"KY（危険予知）"を行い、安全であることを確認しましょう。

ストレッチングで緊張した筋肉をゆるめよう

　長時間同じ姿勢が続いたときに、疲れをためずにリフレッシュしたり、毎日の習慣として実施しましょう。また、からだのこわばりは心の不快感にもつながります。心とからだが密接につながっていることを考えれば、ストレスをためこまず、軽やかに過ごすことも、「転倒」「墜落・転落」の災害を防ぐことにつながります。

腰
背中を伸ばしたまま、からだを後ろにひねり、背もたれをつかむ。

わき腹
片手を上げ、肘をゆるめ横に倒す。

背中
首・肩・背中の力を抜いて、からだを前に倒す。

胸・腹
両手を上げ、背もたれに寄りかかりながら伸びをする。

転びの予防と簡単エクササイズ

　忙しい毎日の仕事のなかで、疲れを感じたらちょっと息抜きしてみましょう。手軽にからだをほぐす方法を紹介します。作業のなかに組み込んで行うことで、からだがとっても楽になります。安全なスペースを確保して行いましょう。

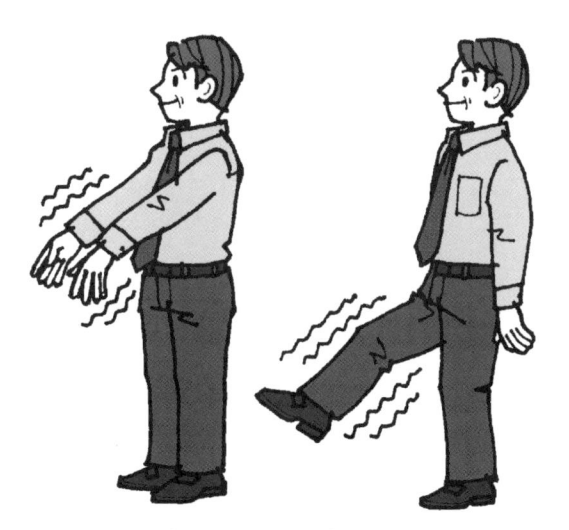

腕や足を振る

腰ひねり
背中を楽にして、肩や腕の力をゆるめて両腕をからだにまきつけるようにひねる。

からだをたたく

腰まわし
両手を腰にあて、ゆっくりと腰を回す。同じ方向だけでなく反対方向にも回す。

気分転換や疲労回復に効果的な簡単リラックス法を紹介します

腹式呼吸のすすめ

　腹式呼吸では、ゆっくりと深く呼吸することで、肺の奥深くまで空気が行き渡ります。鼻から息を吸ったときにお腹が膨らむように意識します。腹圧の調節につながり、内臓の血液循環を活発にすることができます。どこにも無理のかからない姿勢をつくることが大切ですが、環境に応じて、椅子に腰かけたり、仰向けに寝た姿勢で行いましょう。

「筋弛緩法」でリラックス感を味わおう

　意識的にからだの一部にぐっと力を入れ、数秒してから一気に力を抜き、じんわりとからだに血液が流れていくのを感じましょう。

①両肩を床から垂直方向に持ち上げて、数秒間力を入れます。
②肩の力をストンと抜いて肩から背中にかけての筋肉がゆるんでいく感じを味わいましょう。

❹ 運動機能低下を防ぐためのエクササイズ②

（筋力を維持するためのエクササイズ：筋力運動）

年齢を重ねるにつれ筋力、特に脚筋力が衰えてきます。脚筋力が低下すると、バランス能力、歩行能力が低下することから「転倒」「墜落・転落」の災害が増加することが懸念されます。ここでは、職場や日常生活のなかでできるエクササイズを紹介します。これは、筋肉に力を入れる（負荷をかける）運動で、筋力を鍛え、膝や腰の痛みを予防したり、転倒を防ぎ、日常の動作も楽になります。

筋力運動のポイント
- 息を止めて運動はしない。基本的に力を入れる時に息を吐く。
- 運動の繰り返し回数は、まず一度に5〜10回繰り返せば十分。
- 力を入れている筋肉に意識を向ける。

ふとももの前
①脚を肩幅程度に広げ、背すじを伸ばして立ちます。
②椅子に座るようにゆっくり膝を曲げ、元の姿勢に戻します。

- 膝とつま先が同じ方向を向くように行います。
- 膝がつま先より前に出ないように曲げましょう。
- 膝の角度を大きく曲げて行ったり、腕の位置をかえることで強度が強くなります。

ふくらはぎ
椅子や壁につかまり、かかとの上げ下げを行う。

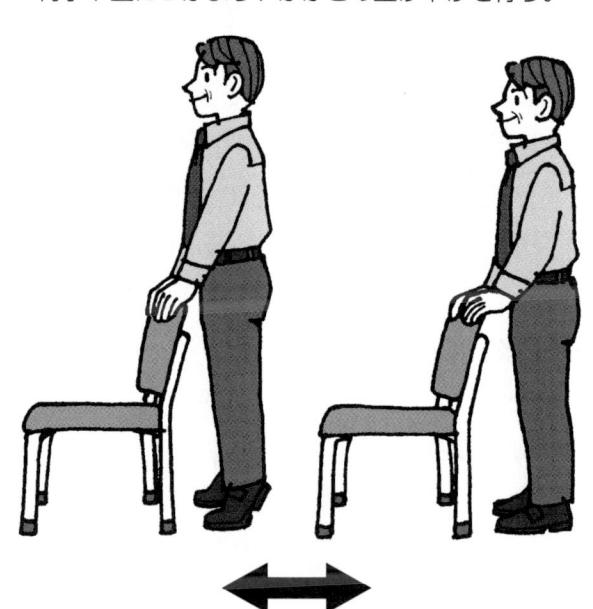

ふともも
膝の曲げ伸ばしを行う。

腕・胸
①両腕を伸ばし、うつ伏せになります。
②肘を曲げて両腕をからだにひきつけます。
③肘をゆっくり伸ばしてからだを起こします。
④肘を曲げてうつ伏せになり、①の姿勢に戻します。

腹

①床に座り膝に手をあてます。
②後方にからだをゆっくり倒し、①の姿勢に戻します。
・からだを倒す角度を大きく曲げて行うことで、強度が強くなります。

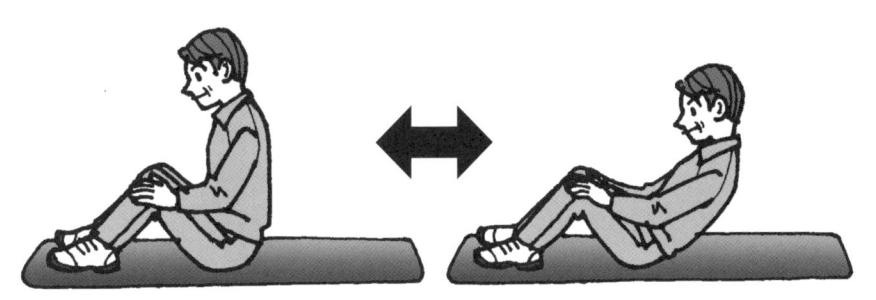

・椅子に座った姿勢でも行うことができます。

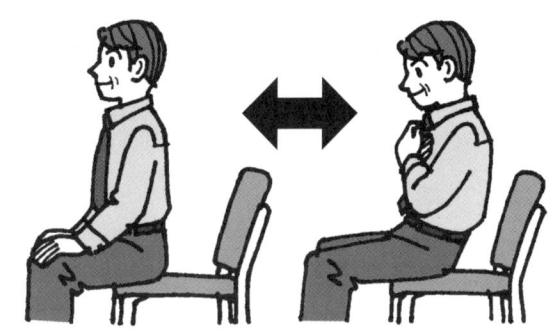

腹

仰向けになり両膝を立て、足は腰幅くらいに開く。
両手を耳の横にそえて、肩甲骨が床から離れるくらい上体を起こす。

腰・尻

仰向けになり両膝を立てる。腰を反らせない程度に、お尻に力を入れながら上げる。

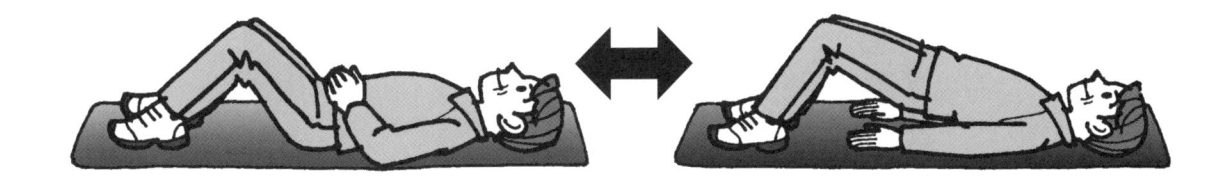

5 運動習慣のない方のための簡単プログラム

ふだんから運動する習慣がない方でも無理なくできる種類を集めました。まずは、3カ月程を目安に続けてみましょう。

ストレッチング やり方は61ページ

ストレッチング やり方は62ページ

ストレッチング やり方は60ページ

筋力運動 やり方は66ページ

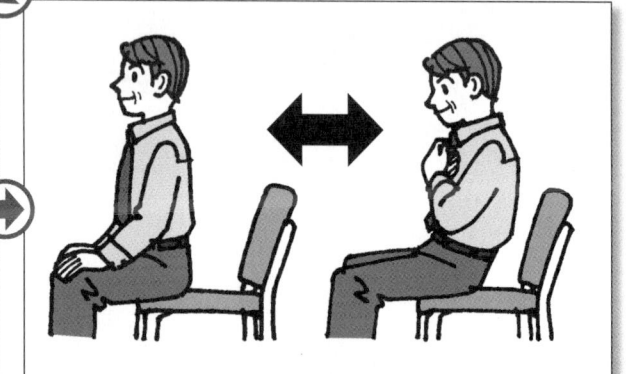

筋力運動 やり方は67ページ

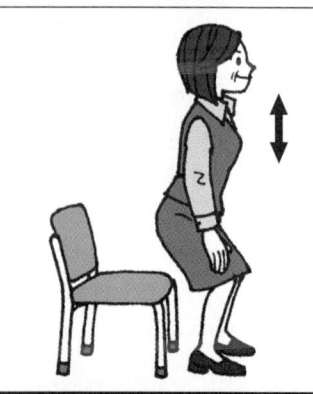

筋力運動 やり方は65ページ

リラックス法 やり方は64ページ

6 身体活動アップのためのプログラム

　日頃から運動不足を感じている方は、できそうなところから身体活動の量を増やしましょう。からだの動きに伴い結果的にエネルギーが消費されるため、「身体活動を増やす」ことにより、疾病予防効果のあることが注目されています。「運動」をわざわざ時間を割いて意図的に取り組むものとしてのみ捉えるのではなく、通勤中や日常生活のなかで身体活動を増やそうという考え方で、習慣化するようにしましょう。

階段を利用する
エスカレーターやエレベーターを使わず、階段を積極的に利用しましょう。長い距離の場合は途中までも階段を使ったり、下りだけでも使って身体活動量を増しましょう。

自宅の一駅手前で降りて歩く
出社時間が決まっている朝は難しくても、帰宅の際は一駅分、余分に歩きましょう。ゆっくりではなく早足で。

昼休みに歩く
昼食は少し遠くの店まで歩いて食べに行ったり、社内で済ませた後に散歩したりして、歩数を増やしましょう。外に出ると気分転換にもなります。

洗車や掃除などで積極的にからだを動かす
マイカー通勤の場合は日常生活のなかでからだをしっかり動かしましょう。洗車や床磨き、家庭菜園の手入れなども立派な身体活動です。

❼ 続けたい7つの健康習慣

健康な心とからだを保つために、以下の7つの生活習慣を続けてみましょう。

1 睡眠をきちんととる

睡眠は、健康を確保するためには欠かせないものです。睡眠不足や睡眠障害は、心の健康にも影響を及ぼしますので、快適な睡眠で疲労回復とストレス解消に努めましょう。

2 朝食を毎日とる

食事は栄養をとるだけでなく、生活のリズムもつくりますので、朝食をしっかりとって活力をつけましょう。また、「主食・主菜・副菜」のバランスを守り、できるだけ多くの食品を彩りよくとることを心がけましょう。

主 食	米・パン・めん類などの穀物	主に炭水化物によるエネルギー供給源
主 菜	肉・魚・大豆製品・卵など	主にタンパク質や脂肪の供給源
副 菜	野菜などを利用した料理	ビタミン、ミネラル、植物繊維の供給源

3 間食をとりすぎない

間食のとりすぎは肥満を招きます。また、甘いものの食べ過ぎにもつながりますので、注意しましょう。

4 適正な体重を維持する

日本では、各種データから、男女ともにBMI22が健康維持に最もよい値といわれています。

BMI＝体重(kg)÷身長(m)÷身長(m)

5 定期的に運動する

健康なからだづくりには適度な運動が欠かせません。まずは日常生活にウォーキングを取り入れてみましょう。通勤や買物などの時間を利用して、少し早足で歩いているだけでも効果があります。

6 タバコを吸わない

喫煙によって、がんや心臓病などの危険が高くなります。本人への影響だけでなく、副流煙で周囲の人まで健康被害にあわせることにもなり、百害あって一利なしといわれています。

7 お酒は飲まない（または適度に飲酒する）

適量ならば血行をよくしたり、気分をリラックスさせたりと、健康に役立つお酒ですが、飲みすぎは禁物です。週に2日は"休肝日"をつくりましょう。

著者紹介

第1章～第7章

永田 久雄（ながた　ひさお）

工学博士　一級建築士　財団法人労働科学研究所　客員研究員

1975年　旧産業安全研究所（現独立行政法人労働安全衛生総合研究所）に入所。2008年に定年退職し、早大理工学術院客員教授を経て、2011年より㈶労働科学研究所の客員研究員となる。その他に北九州市立大学大学院などの非常勤講師として活動。

参考図書：『「転び」事故の予防科学』　永田久雄著／2010年3月／労働調査会発行

第8章

中央労働災害防止協会　健康快適推進部

事業場における健康づくり・メンタルヘルス活動に関するさまざまな支援を提供。各種セミナーの開催、専門スタッフによる社内研修会への講師派遣、メンタルヘルス対策のコンサルティングなどを行っている。

デザイン：株式会社ジェイアイ　イラスト：深見恵子

転びの予防と簡単エクササイズ

平成23年10月31日　第1版第1刷発行
令和元年6月20日　　　第7刷発行

編　者　中央労働災害防止協会
発行者　三 田 村 憲 明
発行所　中央労働災害防止協会
　　　　〒108-0023
　　　　東京都港区芝浦3丁目17番12号
　　　　吾妻ビル9階
　　　　電話　販売　03(3452)6401
　　　　　　　編集　03(3452)6209
印刷・製本　株式会社 丸井工文社

落丁・乱丁本はお取り替えいたします　©JISHA 2011
ISBN978-4-8059-1395-6　C3060

中災防ホームページ　https://www.jisha.or.jp/

本書の内容は著作権法によって保護されています。本書の全部または、一部を複写（コピー）、複製、転載すること（電子媒体への加工を含む）を禁じます。